Mario Grasso's
Wörterschatz

Mario Grasso's

Wörterschatz

Spiele und Bilder
mit Wörtern von A – Z

Mario Grasso, geboren 1941 in Mailand, lebt in Basel. Er absolvierte ein Grafik-Design-Studium und arbeitete als Bühnenbildner und Mitarbeiter verschiedener Magazine. Er veröffentlicht Cartoons, Sprach- und Bilderbücher und wurde 1983 für sein *Drehbilderbuch* mit dem Troisdorfer Bilderbuchpreis ausgezeichnet. Mit seinem großen Mitmachbuch *Heute tanzt der Tangobär* kam er 1988 auf die internationale Kinderbuch-Ehrenliste der IBBY.

Lektorat Markus Weber

Aus gestalterischen Gründen wurde die alphabetische Ordnung der Begriffe innerhalb dieses Buches nicht immer eingehalten.

2. Auflage, 10.–18. Tausend, 1990
© 1989 Beltz Verlag, Weinheim und Basel
Programm Beltz & Gelberg, Weinheim. Alle Rechte vorbehalten
Einband von Wolfgang Rudelius unter Verwendung von
Illustrationen von Mario Grasso
Gesetzt auf der CRTronic
Gesamtherstellung Druckhaus Beltz, 6944 Hemsbach
Printed in Germany
ISBN 3 407 80032 0

Dieses Buch ist voller Spiele:

EIN WORT kann mehr als eine Bedeutung haben. So kann *Erde* die Erde aus dem Blumentopf bedeuten. Aber auch unser Planet wird *Erde* genannt. Zwischen beiden Dingen besteht ein Zusammenhang. Es kann aber auch sein, daß zwischen den Dingen kein Zusammenhang besteht, sondern nur eine Ähnlichkeit im Aussehen. So hat der *Kamm* eines Hahnes Ähnlichkeit mit dem *Kamm,* den wir zum Kämmen brauchen.

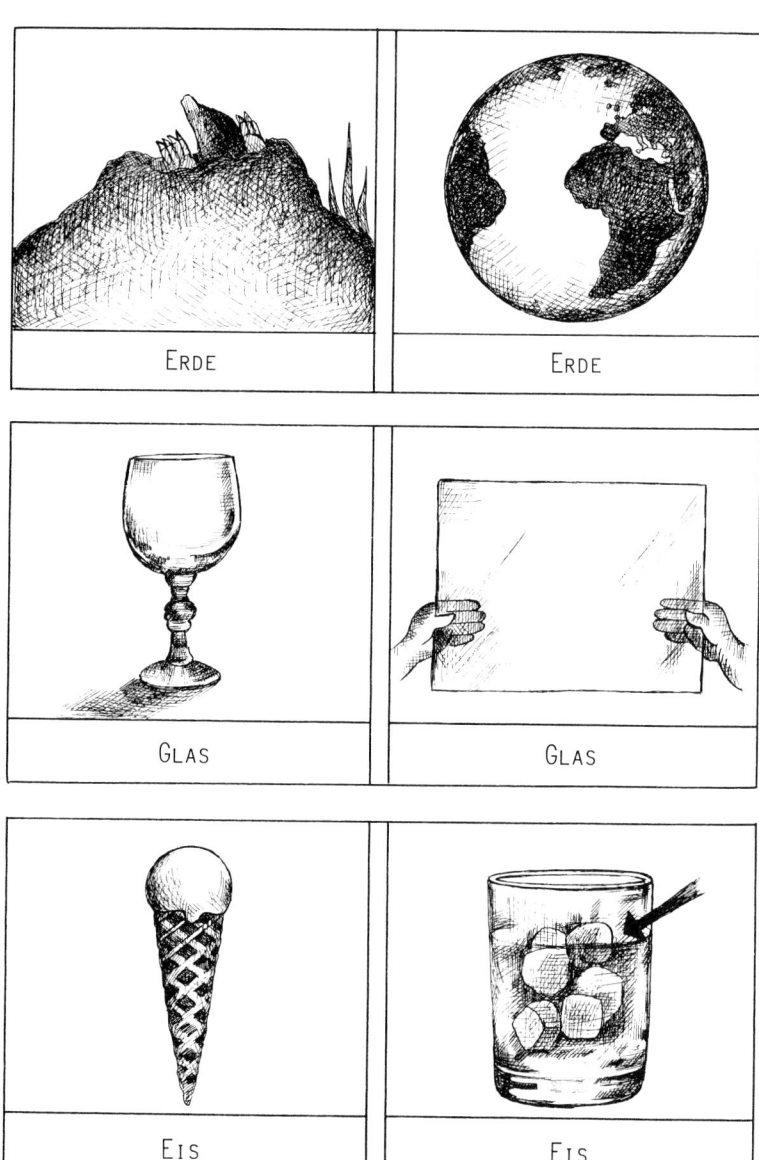

ERDE

ERDE

GLAS

GLAS

EIS

EIS

Bei vielen Wörtern, die mehrere Bedeutungen haben, kann der Zusammenhang nicht so leicht erkannt werden. Zum Beispiel deckt die *Decke* des Zimmers den Raum, die *Decke* des Bettes uns zu.

Es gibt aber auch gleichlautende Wörter, die ganz verschiedene Bedeutungen haben. So hat der *Hahn* vom Bauernhof nichts mit dem *Hahn* am Waschbecken zu tun.

Verstanden?

Sabine sagt: »Das Hauptkaladon von Emalganien wieselt während der Lobul-Zeit unverändert korol.«
Sie fragt: »Habt ihr mich verstanden?«
»Nein, kein Wort«, antworten die Freunde.
»Soll ich lauter reden?«

Wenn Sabine nicht verstanden wird, heißt das nicht unbedingt, daß man Sabine nicht hört.
Verstehen kann nicht nur *hören*, sondern auch *begreifen* bedeuten.
So gibt es in der Sprache viele gleichlautende Wörter, deren Verschiedenheiten erst im Zusammenhang zu verstehen sind.

abbrechen
Als seine Teetasse zu Boden
fiel und der Henkel *abbrach,*
brach er das Gespräch *ab*.

abkühlen
Nicht nur das Wetter kann
abkühlen, sondern auch das
Verhältnis zwischen
Menschen.

Abkürzung
O = Ort   Str = Straße

Eine andere *Abkürzung*:
nicht geradeaus, sondern
links, dann die zweite Straße
rechts.

ablösen
Man kann: die Tapete
vorsichtig von der Wand
ablösen, jemanden bei der
Arbeit *ablösen* und
Briefmarken vom Umschlag
ablösen. Aber auch Farbe
kann sich *ablösen*.

abnehmen
Als ein rundlicher Mann beim
Arzt war und der Arzt ihm
sagte, er sei zu dick und zu
schwer, und als dann gerade
das Telefon klingelte und der
Arzt zum rundlichen Mann
sagte, er müsse *abnehmen*,
wußte er gar nicht, ob der Arzt
den Telefonhörer oder sein
Gewicht meinte.

Abstieg
Der Fußballverein unternimmt
eine Bergwanderung.
Nach dem *Abstieg* macht er
eine kurze Rast, dann geht es
wieder hinunter.
Kann man also sagen: der
Fußballverein *steigt ab*?

anhaben
»Wenn Sie diesen
Regenmantel *anhaben*, kann
Ihnen das Wetter nichts
anhaben!«

Ähnlichkeiten

EIN PILZ MIT HUT ?

EIN PILZ MIT HUT !

EINE SCHNECKE MIT HAUS ?

EINE SCHNECKE MIT HAUS !

EIN TISCH MIT BEINEN ?

EIN TISCH MIT BEINEN !

anlaufen
Der Film ist gerade
angelaufen:
Zuerst sieht man
Fensterscheiben *anlaufen*.
Dann erscheint ein Junge,
dessen Gesicht rot *anläuft*. Er
erzählt, ein Schiff habe soeben
den Hafen *angelaufen*.

Ansicht
Ich bin der *Ansicht*, daß diese
Ansicht vielen Leuten gefällt.

annehmen
Am Postschalter:
»Ich *nehme an*, Sie nehmen
mir dieses Paket ab. Oder
nehmen Sie es nicht *an*?«

anstellen
»Willst du diese lange Leiter
an diesen kleinen Baum
anstellen? Wie willst du das
anstellen?«

anspringen
Als der Motor *ansprang*,
erschrak der Hund und *sprang*
den Fahrer *an*.

Anschluß
Im *Anschluß* an den Vortrag
sagte der Redner, er wolle
seinen *Anschluß* nach
München nicht verpassen.

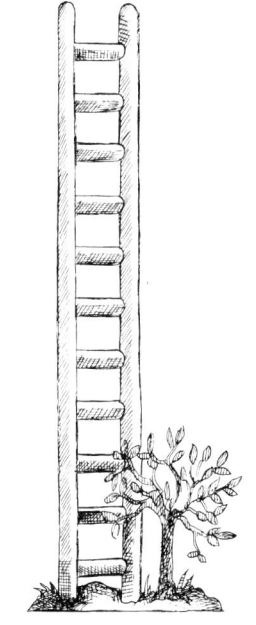

13

aufgeben
»Ich will dir ein Rätsel
aufgeben. Du darfst aber nicht
gleich *aufgeben.*«

aufgehen
Die Sonne ist *aufgegangen.*
Die Blüten sind *aufgegangen.*
Mutters Kuchen ist
aufgegangen. Nur meine
Rechnung ist wieder nicht
aufgegangen.

aufschlagen
Man kann: die Augen
aufschlagen, das Knie
aufschlagen oder eine Stelle in
einem Buch *aufschlagen.*
Aber auch der Tennisspieler
kann *aufschlagen* und die
Preise können *aufschlagen.*

**Komisch, der Kapitän des
vermißten U-Bootes ist in
Frankfurt aufgetaucht.**

IST
EIN
GEWITTER
IM
ANZUG ?

ausgeben
Er *gab* sich als Millionär *aus*
und *gab* deswegen – kein
Wunder – viel zuviel Geld *aus.*

ausrichten
»Du kannst ihm *ausrichten,*
daß er bei mir nichts
ausrichten kann.«

außer
Heute bin ich zu Hause, *außer*
ich wäre *außer* Hause.

aussetzen
»Hast du etwas dran
auszusetzen, drei Runden
auszusetzen?«

Wenn die Dinge lebendig werden

DAS GLAS IST GESPRUNGEN

DAS GLAS IST GESPRUNGEN

DAS SCHIFF LECKT

DAS SCHIFF LECKT

DIE MÜTZE LIEGT AM BODEN

DIE MÜTZE LIEGT AM BODEN

DAS LICHT IST AUSGEGANGEN

DAS LICHT IST AUSGEGANGEN

15

TEEKESSELSPIEL

Ein Ratespiel für mehrere Personen

Zwei Spieler gehen hinaus und vereinbaren einen Begriff mit zwei verschiedenen Bedeutungen, z. B. Birne. Dann kommen sie zurück und beginnen, ihren Mitspielern dieses Wort zu umschreiben:
Der erste Spieler: »Mein Teekessel hat einen Stiel.«
Der zweite Spieler: »Mein Teekessel kann leuchten.«
Die übrigen Spieler versuchen das Wort zu erraten, dürfen aber keine Fragen stellen.
Nach einigen falschen Antworten dürfen die zwei Spieler weiterhelfen:
»Meinen Teekessel kann man essen.«
»Mein Teekessel hat eine Fassung.«
Wenn ein Spieler das richtige Wort erraten hat, darf er sich einen anderen Spieler aussuchen und mit ihm ein neues Teekesselwort* suchen.

*150 Teekesselwörter findest du auf den Seiten 122 bis 126

BIRNE UND BIRNE

SO LEICHT BRINGST DU MICH NICHT AUS DER FASSUNG!

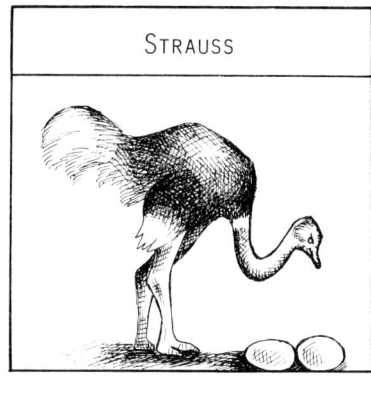

STRAUSS	STRAUSS
	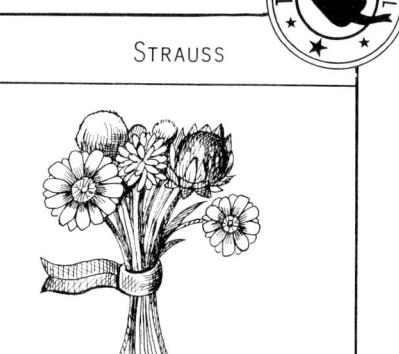

HAHN	HAHN

SCHIMMEL	SCHIMMEL

TEEKESSELSPIEL

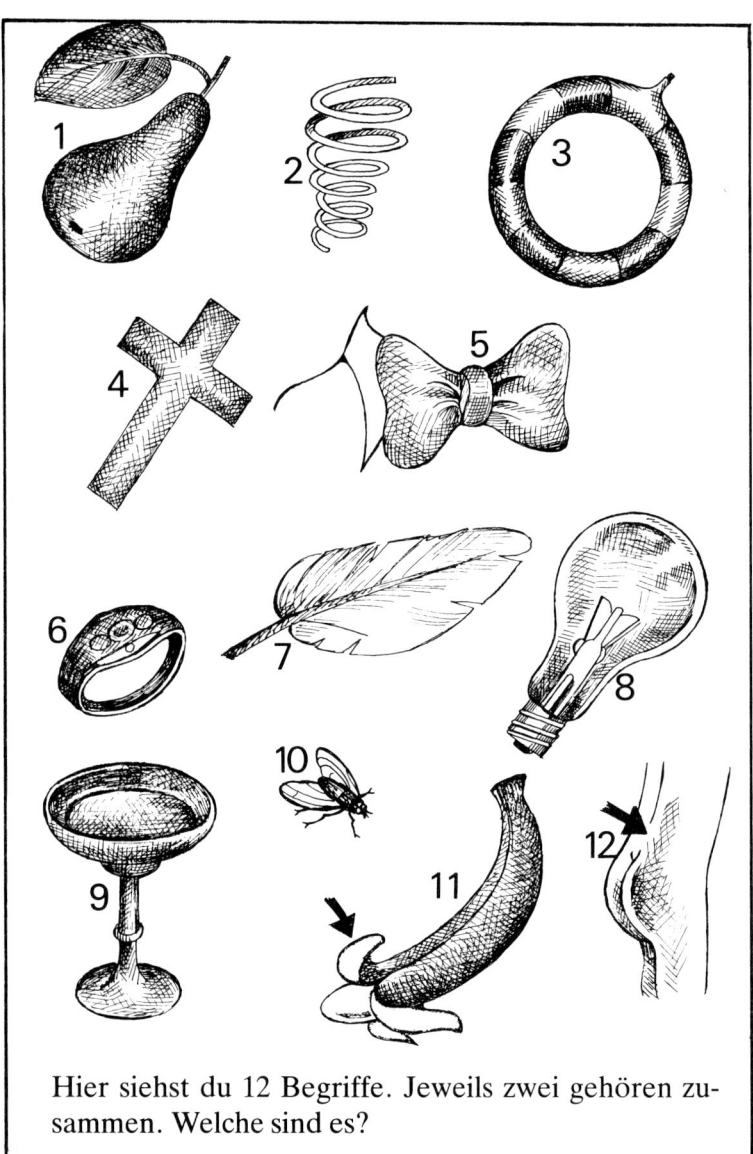

Hier siehst du 12 Begriffe. Jeweils zwei gehören zusammen. Welche sind es?

Bank
Vor der *Bank* saß ein kleines Mädchen auf einer grünen *Bank*.

begehen
Wer diesen gefährlichen Weg *begeht, begeht* damit möglicherweise einen schlimmen Fehler.

benehmen
Ich bin noch ganz *benommen*! Dieser Mensch hat sich unmöglich *benommen*!

bestehen
Es *besteht* nur wenig Hoffnung, daß er die schwere Prüfung *besteht*.

bestellen
Heute werde ich ein Buch über Landwirtschaft *bestellen*. Ob ich dann endlich meinen Acker *bestellen* kann, weiß ich noch nicht.

BREMSE   BREMSE

bestimmen
»Sie wird *bestimmt* zur Anführerin *bestimmt*.«

GESTERN HATTE ICH NOCH GELD AUF DER BANK LIEGEN. NUN IST ES WEG.

GESTERN HATTE ICH NOCH GELD AUF DER BANK LIEGEN. NUN IST ES WEG.

19

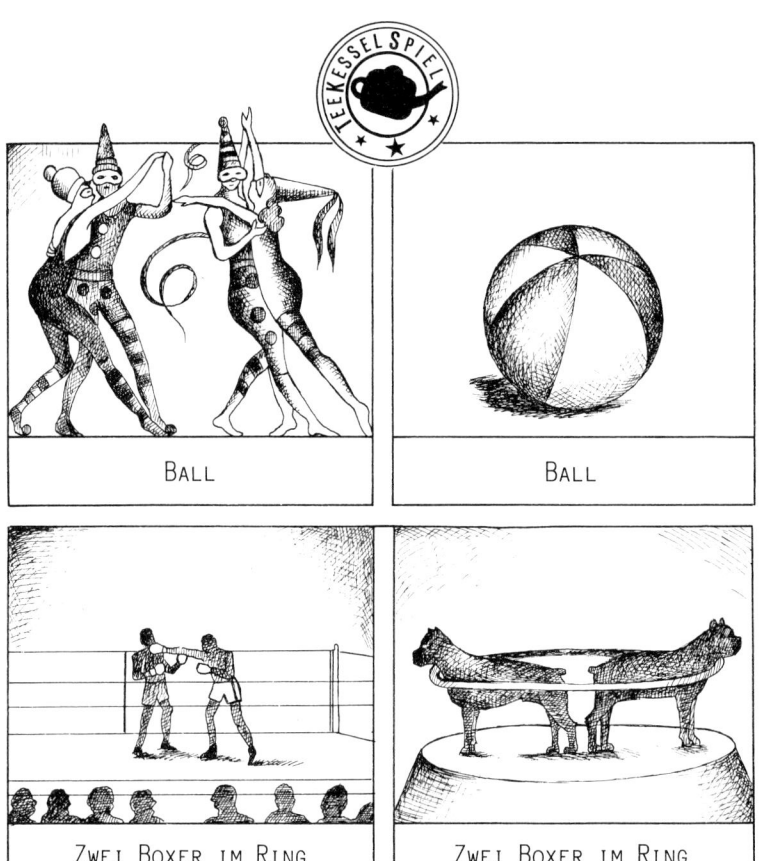

BALL

BALL

ZWEI BOXER IM RING

ZWEI BOXER IM RING

bewegen
Es *bewegte* den Erfinder sehr,
als sich sein Motor nach vielen
Monaten endlich *bewegte*.

Blatt
Sie malte ein verwelktes *Blatt*
auf ein leeres *Blatt*.

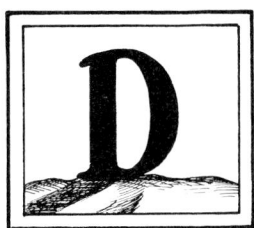

drehen
Du kannst: einen Film *drehen*,
Däumchen *drehen*, dich im

dämpfen
»Mein Herr, Sie reden so laut!
Könnten Sie nicht – während
ich in der Küche die Kartoffeln
dämpfe – Ihre Stimme ein
wenig *dämpfen*?«

**»Kannst du dichten?«
»Höchstens das kaputte
Faß.«**

Kreise *drehen* oder dieses Bild
drehen.

dick
Es gibt Leute, die zwar nicht
dick sind, aber einen *dicken*
Schädel haben.

durchgebrannt
Im Nachbarhaus *brannte*
letzte Woche die Sicherung
durch. Und vorgestern
brannte auch noch der
Nachbarsjunge *durch*.

durchschauen
Obwohl Inge nicht
durchsichtig sein kann,
durchschaut ihre Freundin sie
immer.

DRACHEN

21

DIE UHR STEHT

DIE UHR GEHT

DIE UHR LÄUFT WIEDER

Fragen über Fragen

Wozu hat der Mensch Beine?
Damit er *gehen* kann –
damit er *stehen* kann –
damit er *laufen* kann.

Warum kann aber eine Uhr, die keine Beine hat, trotzdem *gehen*? Warum *steht* sie, und warum *läuft* sie jetzt wieder?

Und warum *läuft* meine Nase jetzt so schrecklich? Etwa weil sie ein Nasenbein hat?
Kaum, das Nasenbein *sitzt* fest. Seit wann aber kann ein Nasenbein *sitzen*? So ganz ohne Stuhl.

Fragen über Fragen.

BUCHSTABENSALAT

Ein Schreibspiel für zwei Personen

Wie heißen die Wörter ursprünglich?
Jeder Spieler schreibt 12 Hauptwörter auf, mischt dann die einzelnen Buchstaben der Wörter durcheinander und schreibt diesen Buchstabensalat nochmals ab.
Nun werden die Zettel vertauscht, und jeder muß raten, wie die Wörter ursprünglich hießen.

Wie heißen z. B. die folgenden Wörter richtig?
1. MEBUL   2. FETALEN   3. EFERU   4. SEPLI
5. ELOKW   6. HICRMS   7. ASUH   8. EPAGIAP
9. SATESSR   10. TPROS   11. HBCU
12. ZPLEAFN

eben
Warum es ihm bei uns nicht
gefällt:
Das ist es *eben* – er liebt die
Berge – die Gegend hier ist
ihm zu *eben*.

einladen
»Soll ich die Waren *einladen*?«
»Nein – ich möchte nur Peter
und Ulrike *einladen*.«

einlassen
Während Peter das
Badewasser *einläßt, läßt* er
sich auf ein langes Gespräch
ein. Ob das gutgeht?

einlaufen
»Das größte Schiff der Welt ist
in Hamburg *eingelaufen*!«
»Nicht möglich – wie klein ist
es denn jetzt?«

einnehmen
Von Leuten, die viele Tabletten
einnehmen, nehmen andere
viel Geld *ein*.

Ein Eisberg ist ein Berg aus Eis.
Ist ein Eisbär ein Bär aus Eis?

»Geh nicht so nahe an die Eisbären«, mahnt die Mutter. »Du bist schon genug erkältet!«

einstellen
Man kann einen Arbeiter *einstellen* und ein Fernglas *einstellen*.

einbrechen
Die Nacht *brach ein,* und was tat der Einbrecher?

entfernt
Einige meiner nächsten Verwandten leben weit *entfernt* von mir in Amerika. Wir sind also *entfernt* verwandt.

fahren
Als er beinahe an einen Baum *fuhr, fuhr* ihm der Schreck in die Glieder.

erhalten
Dieses Rad habe ich vor zwei Jahren *erhalten.* Es ist immer noch gut *erhalten.*

Essen
»Kann man in *Essen* gut *essen*?«

26

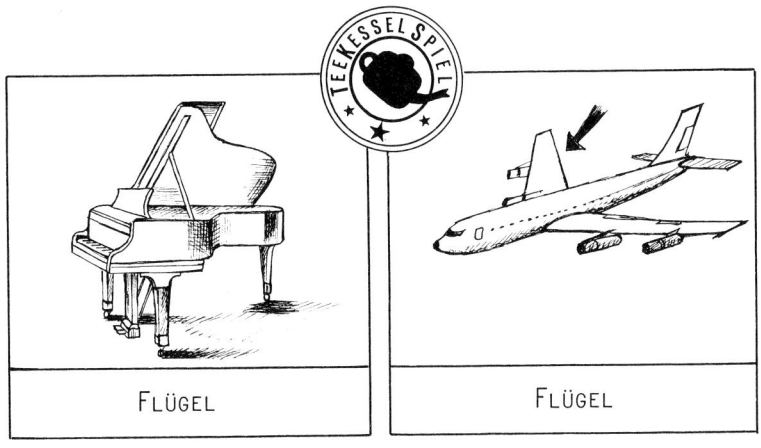

TEEKESSELSPIEL

FLÜGEL

FLÜGEL

Fall

Wenn jemand sagt: ›Das ist ein merkwürdiger *Fall*‹, meint er dann, daß jemand merkwürdig umfiel?

fassen

Es ist kaum zu *fassen* – Peter *faßt* mit der linken Hand eine Flasche, die fast zwei Liter *faßt*.

fegen

Herbst.
Der Sturm *fegt* das Laub von den Bäumen. Nun muß man die Straße *fegen*.

fertig

»Ich bin *fertig!*«
»Mit der Arbeit oder mit den Kräften?«

fesseln

Jochen konnte gestern nicht zu mir kommen. Das neue Buch hat ihn *gefesselt*.

finden

»Du *findest* immer gleich alles.«
»Nein, ich *finde*, daß ich nie was *finde*.«

»Wie findest du das neue Buch?«
»Ich finde es nirgends!«

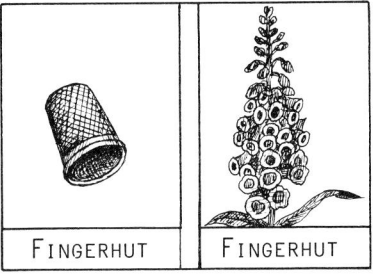

FINGERHUT

FINGERHUT

Weißt du,

daß du eine Wind*hose*[1] nicht anziehen und mit einem
Kirchen*schiff*[2] nicht in See stechen kannst,
daß du einen Adams*apfel*[3] nicht essen und mit einem
Violin*schlüssel*[4] keine Tür öffnen kannst?

finster
Es gibt Leute, die können am hellichten Tage ein *finsteres* Gesicht machen.

Fliege
Auf Vaters *Fliege* sitzt eine *Fliege.*

FRAUENSCHUH   FRAUENSCHUH

fließen – fließend
Dort wo der Rhein in die Nordsee *fließt*, sprechen die Leute *fließend* Holländisch.

flüssig
Schmelzende Schokolade wird *flüssig.*
Flüssig kann aber auch der Verkehr auf der Straße vorangehen.

Folge
Im Theater.
Die Stücke wurden in falscher *Folge* aufgeführt – das kann üble *Folgen* nach sich ziehen.

Fuß
»Jetzt sind wir erst am *Fuß* des Berges. Seid ihr noch gut zu *Fuß*?«

KONZERTFLÜGEL
(NEUESTES MODELL)

Das Gesicht einer Landschaft

Ich stehe am *Fuße* eines Berges.
Ich sehe eine Stadt.
Der Fluß macht dort ein *Knie*.
Weiter hinten teilt er sich in mehrere *Arme*.
Zwischen gestreckten Tälern ist ein Berg zu sehen. Hinter
dem Berg*rücken* geht die Sonne unter.

gar
Dieses Fleisch ist *gar* nicht *gar!*

gemein
Etwas hatten die zwei miteinander *gemein* – sie waren beide *gemein.*

Genuß
Der *Genuß* von Kalbfleisch ist nicht immer ein *Genuß!*

Das ist natürlich auch ein Gesichtspunkt!

Gerade
Gerade erreicht der Langstreckenläufer die letzte *Gerade.* Sie führt *gerade* zum Ziel.

geraten
Wie soll ich da nicht in Wut *geraten*, wenn mir heute die Arbeit nicht nach Wunsch *geraten* ist.

Geschirr
»Leg dem Pferd das *Geschirr* an!«
»Ja – aber nur wenn ich nachher nicht *Geschirr* spülen muß!«

Geschmack
»Sie hat einen tollen *Geschmack!*«
»Frau Meier oder ihre Suppe?«

gewinnen
Jeder denkt da gleich an das große Los. Dabei kann man auch Zucker aus Rüben *gewinnen*, Erz, Kupfer und Blei *gewinnen.* Und Zeit *gewinnen.*

groß
»Er ist ein *großer* Lügner.«
»Wie *groß*?«
»1 Meter 90.«

Grund

»Wieso bleibt der Dampfer
stehen?«
»Er stieß auf *Grund*, das ist der
Grund.«

Nicht ganz so einfach

Alle diese Tätigkeiten können durch ein einziges Wort ersetzt werden. Wie heißt es?

Einen Knoten *aufmachen*.
Eine Eintrittskarte *kaufen*.
Ein Problem *klären*.
Einen Vertrag *auflösen*.
Einen Stein *entfernen*.
Eine Freundschaft *beenden*.

Du kannst:

Zwiebeln . . . . und weinen.
Grimassen . . . . und lachen.

Ein Ratespiel

Welche aus zwei Wörtern zusammengesetzten Wörter ergeben umgedreht ein neues Wort?
Im folgenden findest du vier Gruppen mit zehn Wörtern. Versuche diese Wörter richtig zusammenzustellen, z.B. *Ball*spiel – Spiel*ball*.

1. Ball, Kopf, Haus, Ziegel, Rat, Schalen, Kohl, Dach, Obst, Spiel.

2. Faß, Kuh, Stamm, Blumen, Meister, Bier, Baum, Milch, Werk, Garten.

3. Stein, Meer, Werk, Latz, Rosen, Pflaster, Stock, Hosen, Tag, Salz.

4. Obst, Wein, Blumen, Schrank, Ring, Kern, Wand, Rot, Wiesen, Finger.

Auf der nächsten Seite findest du die Lösungen. Aber erst selber probieren!

1. Kohlkopf - Kopfkohl
   Dachziegel -
     Ziegeldach
   Schalenobst -
     Obstschalen
   Rathaus - Hausrat
   Ballspiel - Spielball

2. Bierfaß - Faßbier
   Baumstamm -
     Stammbaum
   Milchkuh - Kuhmilch
   Blumengarten -
     Gartenblumen
   Werkmeister -
     Meisterwerk

3. Steinpflaster -
     Pflasterstein
   Rosenstock -
     Stockrosen
   Meersalz - Salzmeer
   Tagwerk - Werktag
   Hosenlatz -
     Latzhosen

4. Kernobst - Obstkern
   Rotwein - Weinrot
   Wiesenblumen -
     Blumenwiesen
   Wandschrank -
     Schrankwand
   Ringfinger -
     Fingerring

halten

Der Lehrer *hielt* einen langen Vortrag und gleichzeitig einen Zettel in der Hand.

»Herr Schaffner! Wie lange hält der Zug?«
»Bei guter Pflege bestimmt zwanzig Jahre!«

Hang

Zwei ungleiche *Hänge*:
Der *Hang* eines Berges und der *Hang* zum Naschen.

Heringe

Beim Zeltbau:
»Wo hast du die *Heringe*?«
»Die sind schon in der Pfanne.«

Hof

Der Bauer hat einen *Hof*.
Der Mond hat heute einen *Hof*.
Der ganze *Hof* war um den König versammelt. Wer machte der Tischdame den *Hof*?

| HORN | HORN |

Klasse
Der Lehrer und die Schüler der ersten *Klasse* fahren in der Eisenbahn natürlich zweiter *Klasse*.

Kapelle
Verständlicherweise darf die *Kapelle* nicht in der *Kapelle* spielen.

KRONE   KRONE

Köpfe
Nicht nur Lebewesen haben *Köpfe*. Auch Stecknadeln haben *Köpfe*. Nägel haben *Köpfe*. Der Salat und der Kohl hat einen *Kopf*. Blumen können ihre *Köpfe* hängen lassen.

Karten
Herbert mischt die *Karten* und verteilt sie. Er verteilt eine Post*karte*, eine Land*karte*, eine Fahr*karte*, eine Spiel*karte*, eine Besuchs*karte*, eine Berechtigungs*karte* und eine Speise*karte*.

kosten
»*Kostet* es etwas, wenn ich von der Bowle *koste*?«

kehren
Während sie die Stube *kehrte*, erzählte sie und *kehrte* mir dabei den Rücken zu.

Krone
Obwohl Herbert kein Prinz ist, sagt der Zahnarzt zu ihm: »Ich glaube, du brauchst bald eine *Krone*.«

Die Ballonfahrer haben sich zweimal beschwert. Einmal mit Sand-
säcken und einmal, daß in letzter Zeit das Wetter so schlecht sei.

kühl
Inge behielt einen *kühlen* Kopf, obwohl heute ein heißer Tag war.

lange
»Mit *langen* Haaren gefällst du mir besser, das wollte ich dir schon *lange* sagen.«

KAMIN   KAMIN

Lauf
Er kam in schnellem *Lauf* daher.
Der Fluß nimmt seinen *Lauf.*
Das ist der *Lauf* der Dinge.
Du mußt diese *Läufe* (Tonfolgen) besser üben.
Den *Lauf* eines Gewehres reinigen.

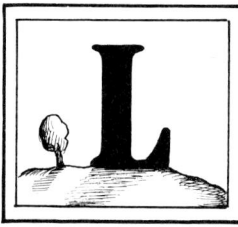

laufen
(ohne Beine)
Die Maschine *läuft.*
Die Zeit *läuft.*
Die Nase *läuft.*
Die Tränen *liefen* ihr über das Gesicht.
Das Schiff *läuft* vom Stapel.
Der Film *läuft* gerade.
Der Fluß *läuft* von Norden nach Süden.

Land
Die Bundesrepublik Deutschland ist ein *Land*, das aus mehreren *Ländern* besteht.
Wir wohnen auf dem *Land.*

Einer dieser Kurse ist hier fehl am Platz. Welcher?

Englischkurs – Computerkurs – Malkurs – Aktienkurs – Französischkurs.

KÄTZCHEN

HASELSTRAUCH

KÄTZCHEN

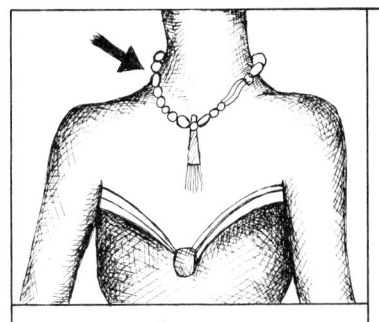

KETTE

KETTE

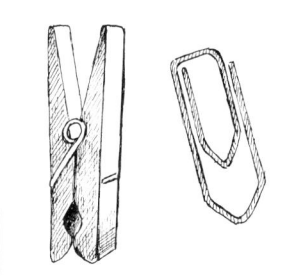

KLAMMERN

(WORT)

KLAMMERN

Eine Gabel zieht mit einer Hand
und einem Hörer übers Land.

Doch statt in Ruhe hier zu wandern,
beschwatzt die Gabel die zwei andern.

Sie hält und hält den Mund nicht zu,
die beiden finden keine Ruh.

Nun legt die Hand den Hörer auf die Gabel,
und endlich, endlich hält sie ihren Schnabel.

Läufer
Unter dem roten *Läufer* im Flur
fand ich den schwarzen *Läufer*
eines Schachspiels.

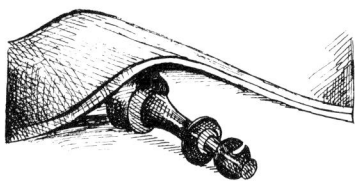

leise
Ich hatte nicht die *leiseste*
Ahnung, daß in diesem Raum
nur *leise* gesprochen werden
darf.

leisten
Dieser Mann *leistet* saubere
Arbeit. Ihn gehen zu lassen,
können wir uns nicht *leisten*.

leiten
Was man alles *leiten* kann:
Einen Fluß in ein anderes Bett,
Gas durch Röhren, eine
Schule und ein Unternehmen.

Leiter
Der *Leiter* dieser Leiterfabrik
testet jede *Leiter* selbst.

Leitung
Er übernahm die *Leitung* der
Fabrik und wollte telefonieren,
aber die *Leitung* war besetzt.

laut
Laut Vorschrift darf man in
dieser Bibliothek nicht *laut*
reden.

lecken
Der Hund *leckt* mir die Hand.
Die Katze *leckt* ihre Jungen.
Das Mädchen *leckt* an der
Eiswaffel.
Aber auch das Faß *leckt*.
Und wenn das Schiff *leckt*,
wird die Lage ernst.

leicht
»Ich glaube, du bist *leicht*
vergeßlich. Du darfst doch nur
leichte Kost zu dir nehmen.
Damit dein Gewicht *leichter*
wird.«
»Das ist *leichter* gesagt als
gegessen!«

42

WÖRTERBASTELN

Ein Schreibspiel für zwei Personen

Der erste Spieler denkt sich ein Wort aus, z. B. das Wort ›Elefant‹.
Er schreibt den Anfangsbuchstaben ›E‹ auf ein Blatt Papier und gibt das Blatt weiter.
Der Mitspieler fügt ein ›i‹ hinzu, weil er das Wort ›Eidechse‹ schreiben möchte.
Der erste Spieler schreibt ›Eis‹ und meint ›Eisenbahn‹. Der zweite Spieler erhöht auf ›Eisb‹, weil er an einen ›Eisbecher‹ denkt. Der erste Spieler will aber ›Eisbär‹ schreiben und schreibt ›Eisbä‹.
So geht das Spiel weiter. Zuletzt könnte z. B. das Wort ›Eisbärenmutter‹ entstehen.
Gewonnen hat, wer den letzten Buchstaben anfügen konnte, mit dem das Wort noch einen Sinn ergibt.

Zu Beginn des Spiels können die Mitspieler auch verabreden, daß nur Wörter bis zu 20 Buchstaben ausgewählt werden dürfen.

lesen
Auch wer viele Bücher *liest*,
muß erst lernen, Trauben zu
lesen!

liegen
Daß ich mit einer Erkältung im
Bett *liege, liegt* am kühlen,
nassen Wetter.

liegen
Ich *liege* im Grünen. Ein zarter
Duft *liegt* in der Luft.

liefern
»Können Sie mir diesen Stoff
liefern?«
»Nein – aber Herr Müller kann
Ihnen Gesprächsstoff *liefern*.«

locken
Er ließ sich in einen Hinterhalt
locken. Sie ließ sich ihr Haar
locken.

los
Los, wir wollen jetzt endlich
das große *Los* ziehen! Und
dann Leinen *los* und ab in die
Südsee!

löschen

Die Feuerwehrmänner *löschen*
zuerst den Brand und später
den Durst. Wie sie aber die
Ladung eines Schiffs *löschen*
sollen, wissen sie meistens
nicht.

lüften

Als sie das Zimmer nach
Wochen *lüftete, lüftete* sie
auch das Geheimnis.

Gegensätze ziehen sich an.

Eine Land*zunge* kann nicht schmecken.
Auf einem Berg*sattel* kann keiner reiten.
Eine Tal*sohle* und eine Schuh*sohle* kann man aber durchlaufen.

lösen
Vieles ist zu *lösen:*
Einen Knoten *lösen*. Eine
Fahrkarte *lösen*. Ein Rätsel
lösen. Ein Problem *lösen*.
Zucker in Wasser *lösen*. Einen
Vertrag *lösen*. Einen Stein
lösen. Eine Freundschaft
lösen.

| MELONE | MELONE |

Mantel
Warum bezahlen Radfahrer
für einen neuen *Mantel* viel
weniger als Autofahrer?

matt
Dreimal *matt:*
Peter fühlt sich *matt*.
Die Farbe ist *matt*.
Der König im Schachspiel ist
matt.

Mandeln
Arzt: »Sie können mir glauben,
zwischen Peters
geschwollenen *Mandeln,* und
den gebrannten *Mandeln,* die
er gestern gegessen hat, besteht kein Zusammenhang.«

mitnehmen
»Hast du Opas Medizin
mitgenommen? Er sieht so
mitgenommen aus.«

46

mögen
Er *mag* etwa dreißig Jahre alt sein, und Tiere *mag* er auch.

morgen
Gestern *morgen* kündigte sie an, *morgen* mit dem Spätzug zu kommen.

MÜHLEN

Bin ich
nicht
süß ?

nach
»Herr Meier, Sie kommen ja *nach* wie vor täglich zu spät zur Arbeit.«
»Entschuldigung, aber allem Anschein *nach* geht meine Uhr *nach*.«

nachtragen
Ob er mir *nachtragen* wird, daß er mir all meine Sachen *nachtragen* mußte?

Nagel
»Warum trägst du einen Verband um den Finger?«
»Ich habe auf den falschen *Nagel* gehauen!«

natürlich
»Ist dieses Material künstlich?«
»Nein, es ist *natürlich natürlich*!«

nehmen
Nehmen und geben.
Jemanden beim Wort *nehmen* und ihm dann die Schuld geben.

»Hast du ein Bad genommen?«
»Warum, fehlt eins?«

NOTEN

NOTEN

49

SOLL ICH DEN ZUG ODER DAS FLUGZEUG NEHMEN ?

SOLL ICH DEN ZUG ODER DAS FLUGZEUG NEHMEN ?

Wortblödeleien

»Ich brauche dringend Geld. Ist hier in der Nähe eine Bank?«
»Ja, gleich um die Ecke ist eine Eckbank.«

»Sind Sie ein geschickter Handwerker?«
»Ja, der Meister hat mich geschickt.«

Nudeln sind neugierig. Wenn es was Neues zu sehen gibt, kommen sie scharenweise herbei und bestaunen die Neuigkeit.
Das nennt man dann einen Nudelauflauf, oder?

»Kann man Zucker aus Rüben verlieren?«
»Nein, aber man kann Zucker aus Rüben gewinnen!«

»Fährst du gerne in vollen Zügen?«
»Ja, ich genieße das Leben in vollen Zügen!«

Neigungen
Zwei verschiedene
Neigungen:
Die *Neigung* eines Geländes
und die künstlerische *Neigung*
eines Menschen.

Note
Nach *Noten* singen und
spielen. Gute oder schlechte
Noten bekommen. Eine
gefälschte *Note*. Die beiden
Regierungen tauschten *Noten*
aus. Dem Werk eine
besondere *Note* geben.

packen
Ich mußte meinen Urlaub
vorzeitig abbrechen. Als ich
den Koffer *packte, packte*
mich die Wut.

Plastik
Im Museum steht eine
berühmte *Plastik*. Peter besitzt
eine verkleinerte Kopie – sie
ist aus *Plastik*.

DER GLEICHE BUCHSTABE

Ein Schreibspiel für mehrere Personen

Welche Wörter passen?
Jeder Spieler hat die Aufgabe, möglichst viele Hauptwörter und Tätigkeitswörter aufzuschreiben, die mit
dem gleichen Buchstaben beginnen und einen Sinn ergeben.

Beispiel:
Augen aufmachen
Brot backen
Däumchen drehen
Eier essen
Fahrrad fahren

Tip: Wer zuerst das Tätigkeitswort aufschreibt und danach das Hauptwort sucht, hat es einfacher.

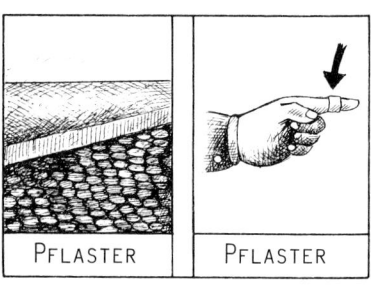

PFLASTER PFLASTER

Platte
Wir aßen von der kalten *Platte*
und hörten dabei heiße
Platten.

Post
Die *Post* ist ein Gebäude, in
der *Post* sortiert wird.

Puppe
Zwei verschiedene *Puppen*:
Ein Kind spielt mit einer *Puppe*
aus Stoff.
Eine Raupe verwandelt sich in
eine *Puppe*. Aus der *Puppe*
schlüpft später ein schöner,
bunter Schmetterling.

Rang
Morgen singt in unserer Oper
ein Sänger von
internationalem *Rang*. Leider
sind nur noch Plätze im dritten
Rang frei.

Rappen
Die Kutsche wurde von zwei
Rappen gezogen. Ein
Schokoladenriegel kostet in
der Schweiz sechzig *Rappen*.

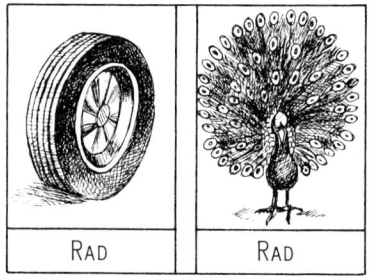

RAD RAD

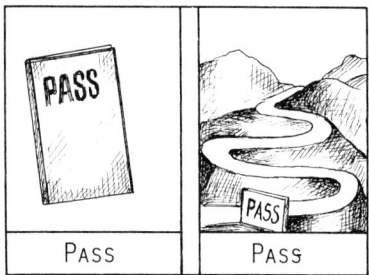

PASS PASS

recht
»Wenn ich Sie *recht* verstehe,
ist Ihre Wunde am *rechten* Fuß
noch nicht *recht* verheilt.«

54

Ein gähnender Abgrund
tat sich vor ihnen auf.

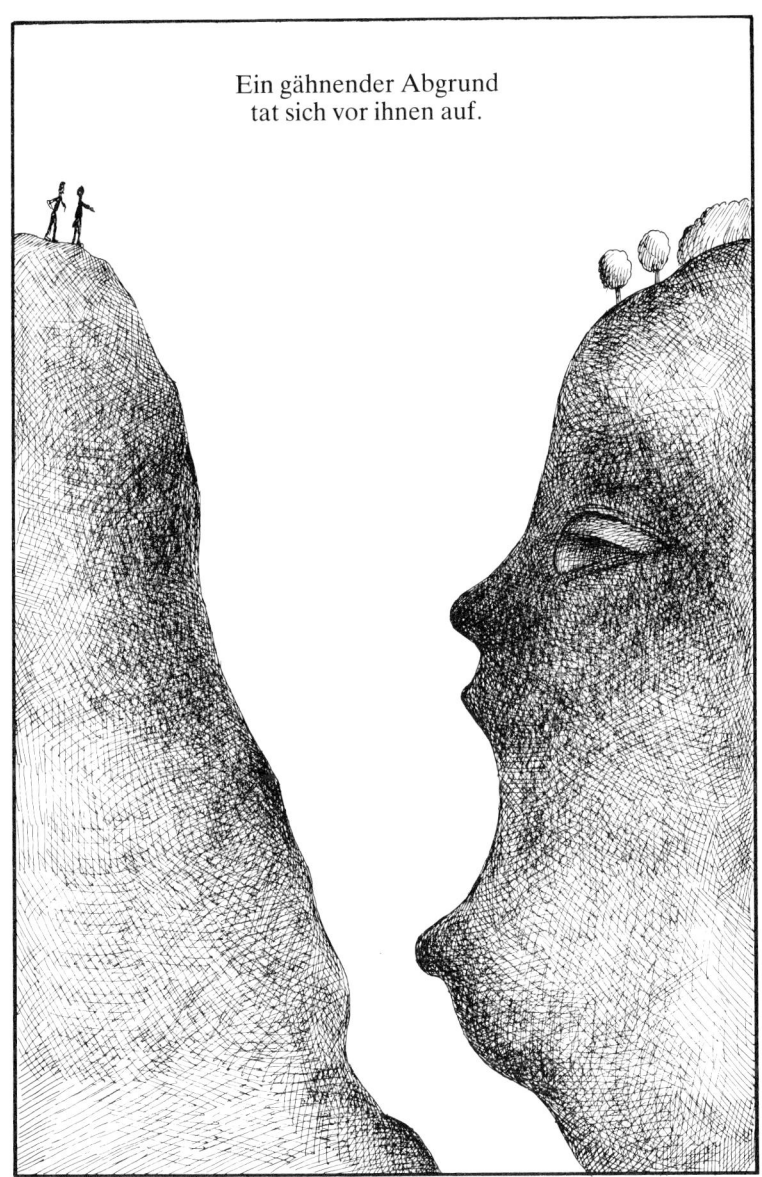

WORTBILDER

Ein Zeichen- und Ratespiel für mehrere Personen

Wer Spaß am Zeichnen hat, suche sich aus den auf den nächsten Seiten aufgeführten Wörtern eines heraus und versuche, dieses Wort verschlüsselt zu zeichnen.

Beispiel: *Fahrstuhl*
Dieses Wort ist aus den beiden Wörtern *Fahr* und *Stuhl* zusammengesetzt. Der Zeichner zeichnet nun einen ganz gewöhnlichen *Stuhl*, an die Beine zeichnet er aber noch *Räder*. Die Zeichnung zeigt er den Mitspielern, und diese versuchen, das richtige Wort zu erraten.
Wer zuerst das richtige Wort nennt, bekommt einen Punkt.

SPIEGELEI   AUGAPFEL

Die Bilder auf dieser und den folgenden drei Seiten zeichnete Tanja Vogel, 12 Jahre.

Variante: Zwei Spieler einigen sich auf ein Wort, das aus zwei zusammengesetzten Wörtern besteht.
Jeder sucht sich eines der beiden Wörter aus und versucht nun durch Mimik, das heißt, ohne ein Wort zu sagen, das Wort darzustellen.
Erlaubt ist dabei nur das Nachahmen eines Geräusches wie das Rauschen eines Baches oder das Fauchen einer Katze.
Wer auch hier das gesuchte Wort zuerst errät, bekommt einen Punkt.

HAUSKATZE

Spiegel-ei
Hand-schuh
Dach-stuhl
Ohr-feige
Kohl-kopf
Pfeffer-mühle
Aug-apfel
Masken-ball
Käse-glocke
Fliegen-pilz

Schlüssel-blume
Fahr-stuhl
Kinder-garten
Auto-bahn
Tisch-bein
Schlangen-mensch
Schäfchen-wolke
Blumen-kohl
Buch-weizen
Schimmel-pilz
(Schimmel = weißes Pferd)

Fluß-pferd
Gürtel-tier
Fahr-schule
Lampen-schirm
Stein-bock

Wasser-hahn
Betriebs-leiter
Rock-star (Star = Singvogel)
Maul-wurf
Ton-leiter

Eisenbahn-netz
Augen-weide
Milch-straße
Flaschen-zug
Berg-kette
Zahn-rad
Ameisen-bär
Haus-katze
Schweine-hund
Fluß-bett

KINDERGARTEN

58

Hand-ball
Eis-bär
Zucker-hut
Wind-hose
Finger-hut
Sonnen-blume
Schuh-löffel
Wander-karte
Wolken-meer
Nasen-flügel

Strom-netz
Löffel-biskuit
Floh-markt
Wein-berg
Rund-brief
Stein-pilz
Hunde-Kuchen
Zeitungs-ente
(falsche Zeitungsmeldung)
Zelt-hering
Bücher-wurm

Lese-ratte
Brot-scheibe
Rosen-kohl
Bienen-stock

Schwert-fisch
Mond-bahn
Himmel-bett
Himmels-zelt
Drachen-flieger
Drei-käse-hoch

Nudel-holz
Spring-form
Schnee-besen
Blätter-teig
Himbeer-geist
(Geist = Gespenst)
Zug-vogel
Schrauben-mutter
Regen-bogen-presse
Löwen-zahn
Stecken-pferd

Fett-augen
Sonnen-uhr
Wasser-pfeife
Hand-tuch
Augen-ringe
Bild-schirm
Bank-noten
Sand-uhr
Land-zunge
Kopf-ball

»Ich hab mein ganzes Geld
beim Rennen verloren!«
»Dann geh doch langsamer!«

richten
Du kannst den Blick auf
jemanden *richten*, dich genau
nach seinen Wünschen
richten, über eine Sache
richten und die Uhr *richten*.

Regel
Vor einem Spiel lese ich in der
Regel zuerst die *Regeln*.

reich
Sie ist *reich*.
Reich an Erfahrungen.

RAUPE   RAUPE

reißen
Ein Wolf kann ein Schaf *reißen*.
Der Mensch kann die Macht
an sich *reißen*. Er kann Witze
reißen. An einer Kette *reißen*
und jemanden aus seinen
Gedanken *reißen*.

Riegel
Zwei verschiedene *Riegel:*
Ein eiserner *Riegel* schließt
das Tor. Peter ißt einen
Schokoladen*riegel*.

Wenn jemand in einem Raum herumfährt, ist er noch lange
kein Raumfahrer.

60

WORTKETTE

Ein Sprechspiel für mehrere Personen

Es wird reihum gespielt.
Der erste Spieler sagt ein Wort, das aus zwei zusammengesetzten Hauptwörtern besteht, z. B.: ›Haus-schlüssel‹.
Der zweite Spieler sagt nun ein Wort, das mit ›Schlüs-sel‹ beginnt, z. B.: ›Schlüssel-blumen‹.
Der dritte Spieler sagt das Wort ›Blumen-topf‹.
Weiß ein Spieler kein Wort, kommt der nächste Spieler dran.

Beispiel: Haus-schlüssel, Schlüssel-blumen, Blumen-topf, Topf-pflanzen, Pflanzen-welt, Welt-reise, Reise-tag, Tag-traum, Traum-haus.
Die Wortkette hat sich geschlossen, und das Spiel ist zu Ende.

Ringe
Drei verschiedene *Ringe:*
Der *Ring*, mit dem man den
Finger schmückt, der *Ring*,
den die Kinder beim Spiel
bilden, und der *Ring*, den die
beiden Boxer betreten.

Rock
Die Dame mit dem kurzen
Rock tanzt einen heißen *Rock*.

roh
Ein *roher* Bursche aß ein *rohes*
Stück Fleisch.

Rolle
Der Schauspieler spielt seine
Rolle gut.
Der Turner macht am Barren
eine *Rolle*.
Schwere Lasten werden auf
Rollen bewegt.

rollen
Du kannst mit den Augen
rollen, den Teig *rollen*, einen
Stein ins *Rollen* bringen,
zuhören, wie der Donner *rollt*.

Rücken
Wer oder was hat einen
Rücken?
Viele Lebewesen haben einen
Rücken. Die Außenseite der
Hand, die Lehne am Stuhl, die
stumpfe Seite des Messers,
ein Teil eines Buches und ein
langgestreckter Berg werden
auch *Rücken* genannt.

rufen/Ruf
»Soll ich mal laut *rufen*?«
»Ja.«
»U H H H H H H!«
»Du hast aber keinen guten
Ruf!«

SCHERZFRAGE
WARUM KANN EIN
PFERD NIEMALS
SCHNEIDER
WERDEN ?

DAS LÄNGSTE WORT

Ein scherzhaftes Gedächtnisspiel für mehrere Personen

Der erste Spieler sagt ein Wort, z. B. ›*Haus*‹.
Der zweite Spieler wiederholt das Wort und fügt ein neues hinzu, z. B. ›*Tür*‹; so entsteht das Wort ›*Haustür*‹.
Der dritte Spieler fügt dem das Wort ›*Schlüssel*‹ hinzu.
Der vierte fügt dem ›*Haustürschlüssel*‹ ein ›*Etui*‹ hinzu usw.
Hat der letzte Spieler ein neues Wort gesagt, geht es beim ersten Spieler weiter.
Wer sich nicht mehr an das richtige Wort erinnert oder es falsch sagt, oder nicht mehr weiterweiß, scheidet aus. So gewinnt, wer als letzter im Spiel bleibt.

Ein bekanntes, aus mehreren Wörtern zusammengesetztes Wort lautet:
›*Donaudampfschiffahrtsgesellschaftskapitänslebensversicherung*‹

ruhig
Klingt das nicht komisch,
wenn jemand sagt: »Von mir
aus könnt ihr *ruhig* Lärm
machen«?
Kann man denn das?

rühren
Den Teig *rühren* und die
Trommel *rühren* sind zwei
verschiedene Tätigkeiten.

Rüstung
Für die *Rüstung* wird viel Geld
ausgegeben. Nicht für die
Rüstung, die im Museum
steht, sondern für die
Bewaffnung der Armee.

Wenn du nicht
weißt, was du
deinen Eltern schenken
sollst, schenk
ihnen doch
einfach
Vertrauen!

Satz
Einen *Satz* wiederholen. In
zwei *Sätzen* an der Tür sein. In
drei *Sätzen* ein Tennisspiel
gewinnen. Vier *Sätze* einer
Sinfonie. Fünf *Sätze*
Briefmarken.

sauer
»Warum machst du so ein
saures Gesicht?«
»Die Trauben sind mir zu
sauer.«

scharf
»Herr Ober, ich muß mich bei
Ihnen beschweren. Erstens ist
das Messer nicht *scharf*
genug, und zweitens ist das
Essen zu *scharf!*«

Scheibe
Was magst du lieber?
Eine *Scheibe* Wurst, eine
Scheibe Ananas oder eine
Glas*scheibe*?

Hier treibt einer
die Sache auf die Spitze!

scheinen
Wie mir *scheint, scheint* die
Sonne heute den ganzen Tag
nicht zu *scheinen.*

Schere
Die *Schere* eines Hummers,
die *Schere* eines Skorpions
und die *Schere* eines Krebses
schneiden alle …

schlagen
Kinder soll man nicht
schlagen; Tiere soll man auch
nicht *schlagen;* aber
Purzelbäume darf man
schlagen. Sahne darf man
schlagen. Man darf Wurzeln
schlagen, und die Uhr darf
sogar die Stunden *schlagen.*

schneiden
Um eine Kurve zu *schneiden,*
braucht man keine Schere.

schöpfen
Du kannst Wasser aus einem
Eimer *schöpfen.* Manchmal
kannst du aber auch neue
Hoffnungen *schöpfen.*

Schule
Die *Schule* ist ein Gebäude mit
vielen Räumen. Manchmal fällt
sie aus.

schwer
»Du bist zu *schwer,* du solltest
abnehmen.«
»Das ist leicht gesagt, aber
schwer getan.«

DER PFAU SCHLÄGT EIN RAD!

66

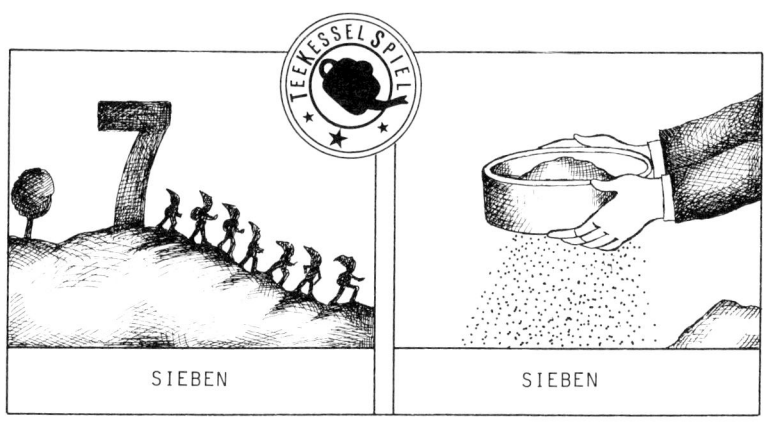

SIEBEN   SIEBEN

SCHLOSS   SCHLOSS

SPRUNG   SPRUNG

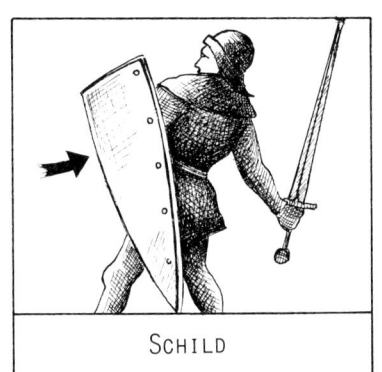

SCHILD

SCHILD

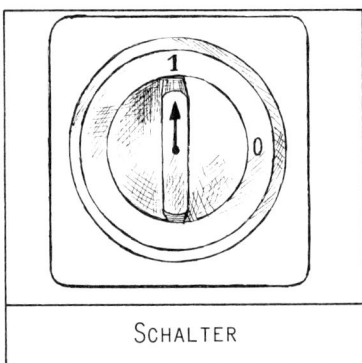

SCHALTER

SCHALTER

See
Wer das ganze Jahr zur *See*
fährt, möchte im Sommer
vielleicht mal ganz gerne in
einem *See* baden.

sein
Ohne *sein* Einverständnis darf
hier keine Veranstaltung *sein*.

Sendung
Eine *Sendung* kann mit der
Post zugeschickt werden.
Aber meistens hört und sieht
man sich andere *Sendungen*
an.

sieben
Sieben Zentner Sand zu
sieben, macht ganz schön
müde!

sitzen
Wir können *sitzen*. Eine
Ohrfeige kann auch *sitzen,*
und ein Anzug sollte immer
sitzen.

spicken
Beide, der Koch und die
Schülerin haben *gespickt:*
Der Koch den Braten und die
Schülerin bei ihrer Nachbarin.

spielen
»Sag mal, was wird heute
abend im Theater *gespielt?*«
»Sicher kein Federball!«

springen
Um zu *springen*, braucht man
nicht unbedingt Beine:
Ein Zug kann aus den
Schienen *springen*. Flammen
können von Haus zu Haus
springen, eine Schüssel kann
springen, die Saite einer
Gitarre kann *springen*, aber
auch ein Herz kann vor Freude
springen.

Sprung
Die Katze setzt zum *Sprung* an, sieht aber die Vase nicht. Die Vase fällt um. Nun hat die Vase einen *Sprung*.

sprengen
Nicht ganz das gleiche: Den Felsen *sprengen* und den Rasen *sprengen*.

spitzen
Den Bleistift *spitzen,* um zu schreiben – die Ohren *spitzen,* um zu hören.

Star
Ein *Star* ist ein Vogel. *Star* ist auch eine Augenkrankheit. Aber auch eine Musik-, Sport- oder Filmberühmtheit ist ein *Star*.

stechen
Ist ›*stechen*‹ ein *Stich*wort? Blöde Frage.

stechen
Insekten *stechen*. Dornen *stechen*. Aber auch Schmerzen *stechen*.

stecken
Diser Satz *steckt* foller Vehler. Auch der Satz: »Die hände inn die Tascen *stecken*« hat Fehler.

SPITZ UND SPITZMAUS

70

sitzen

Der Hut sitzt schief
auf dem Kopf.

Diese
Ohrfeige
sitzt!

Sebastian sitzt über
den Büchern.

Und Anja sitzt in der Tinte.

MISSVERSTEHEN

Bewußt mißverstehen
Ein Zeichen- und Malspiel

Viele aus zwei Wörtern zusammengesetzten Wörter enden mit -er. Meistens sind es Berufsbezeichnungen, aber wie du gleich sehen wirst, nicht immer. So ist z. B. jemand, der beruflich Dächer deckt, ein Dachdecker. Jemand, der Lieder macht, ein Liedermacher. Jemand, der den Schornstein fegt, ein Schornsteinfeger. Jemand der Bücher bindet, ein Buchbinder. Jemand, der wichtig tut, ein Wichtigtuer, und jemand, der alles weiß, ist ein Alleswisser.

Nun kannst du aber, wenn du willst, Wörter bewußt mißverstehen. Vielleicht fällt dir zu folgenden Wörtern eine lustige Zeichnung ein:

Was tun folgende »Leute«?

DER GEPÄCKTRÄGER

Der Gepäckträger trägt das Gepäck. Klar!
Und der Hosenträger?
Der Brillenträger?

Was hält der Hundehalter?
Was hält der Sockenhalter?
Schleppt der Sattelschlepper einen Sattel?
Zieht der Korkenzieher einen Korken?
Haut der Bildhauer ein Bild?
Ist jemand, der etwas faltet, auch gleich ein Falter?

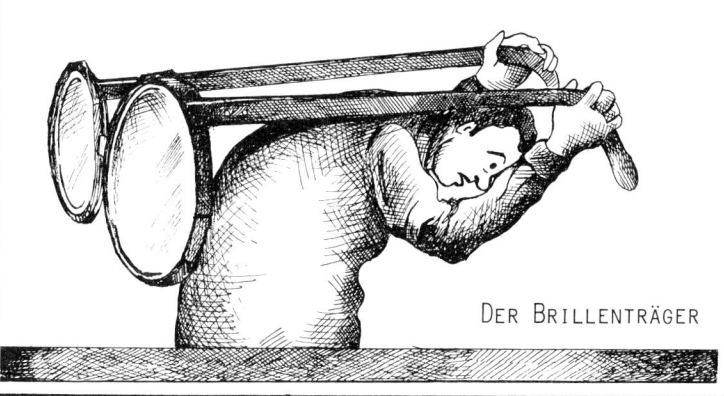

DER BRILLENTRÄGER

stehen
Wir Menschen können sitzen und liegen, wir können aber auch *stehen*. Das Essen jedoch sitzt und liegt nicht auf dem Tisch. Das Essen *steht* auf dem Tisch.

Stelle
Du kannst eine *Stelle* laut vorlesen. Du kannst aber auch eine *Stelle* verlieren. Die Zahl 333 hat drei *Stellen*. Und wenn du willst, dann rührst du dich nicht von der *Stelle*.

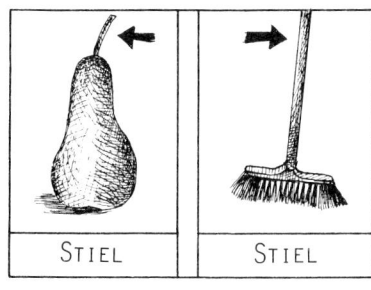

STIEL | STIEL

Im Wahlbüro:
Die bekannte Sängerin gab
heute früh ihre Stimme ab.
Dabei soll sie morgen abend
im Fernsehen auftreten!

stimmen
Der Musiker *stimmt* sein
Musikinstrument, damit der
Ton *stimmt.*
Stimmt's?

stellen
Ich *stelle* mich krank.
Ich *stelle* dir eine Frage.
Ich *stelle* die Uhr.
Ich *stelle* mich auf den Tisch.

Stock
Der Herr mit dem *Stock* wohnt
im zweiten *Stock* links.

Stich
Verschiedene *Stiche:*
Es gibt den *Stich* einer Biene,
den *Stich* einer Wespe, den
Stich einer Mücke und den
Stich einer Lanze.
Man kann aber auch jemanden
im *Stich* lassen, was nicht
gerade schön ist.
Originalbilder können durch
Stiche vervielfältigt werden,
und ein Blau kann zum
Beispiel einen *Stich* ins Grüne
haben.

SCHOLLE | SCHOLLE

streichen
Man kann Wurst aufs Brot
streichen, jemandem übers
Haar *streichen* und
~~diese Zeile streichen.~~

»Freust du dich, wenn du von jemandem einen Stoß be-
kommst?«
»Wenn es ein Stoß Bücher ist, schon.«

75

PHANTASIESPIEL

Ein Zeichen- und Malspiel

Wem fällt zu diesen Fragen eine lustige Zeichnung mit einem entsprechenden Kommentar ein?

Ist ein Feldstecher jemand, der das Feld sticht?

Ist ein Verleger jemand, der seine Brille verlegt hat?

Ist ein Brotmesser jemand, der das Brot ausmißt?

Ist ein Wolkenkratzer jemand, der an den Wolken kratzt?

Brauche ich, um zu essen, eine Astgabel?

Einen Schuhlöffel?

Einen Feuchtigkeitsmesser?

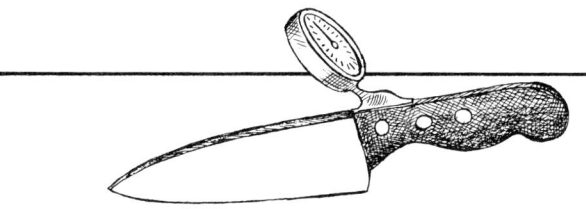

Ist ein Geschwindigkeitsmesser ein Messer, das besonders schnell schneidet?

Ist ein Scheinwerfer jemand, der nur zum Schein etwas wirft?

Tau
Der *Tau* funkelt früh am Morgen auf den Gräsern.
Das *Tau* ist ein dickes Seil.

Tonne
Wenn 1 *Tonne* 50 Kilo wiegt, dann wiegen 200 *Tonnen* 10 *Tonnen*.

Strom
Die Wasserkraft eines *Stromes* kann ein Kraftwerk in *Strom* verwandeln.

Strudel
Auf der Kreuzfahrt.
»Der *Strudel* heute mittag war enorm«, sagte die ältere Dame.
»Ganz meiner Meinung«, erwiderte der Kapitän.

treiben
Wenn der Haselnußstrauch Kätzchen *treibt, treibt* auch der Bauer das Vieh auf die Weide.

Tor
Nun guck mal, dieser *Tor* im *Tor* hat schon wieder ein *Tor* reingelassen!

Trommel
Zwei verschiedene *Trommeln:* Die *Trommel*, die der Trommler rührt, und die *Trommel* der Waschmaschine, die mal wieder kaputt ist.

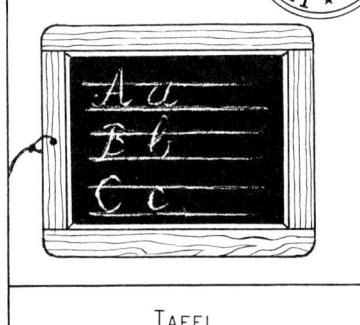

TAFEL

TAFEL

Stell dir das mal vor!

Ein Autoverkäufer verkauft Autos.
Ein Gemüseverkäufer verkauft Gemüse.
Ein Straßenverkäufer – verkauft der etwa Straßen?
Nein – er verkauft *auf* der Straße!

Herbert sagt zu Inge: »Wir haben nun lange genug gearbeitet. Komm, wir gönnen uns eine Atempause.«
Inge versteht das wörtlich und meint: »Aber bitte nicht zu lange. Das halte ich sonst nicht durch!«

Ein Apfelkuchen ist ein mit Äpfeln belegter Kuchen. Ein Aprikosenkuchen ist ein mit Aprikosen belegter Kuchen.
Und ein Hundekuchen?

Bleiben wir beim Essen:
Ein Nudelauflauf ist eine überbackene, lockere Nudelspeise.
Ein Käseauflauf ist eine überbackene, lockere Käsespeise.
Und ein Menschenauflauf?
Schrecklich, wenn man sich das vorstellt!

Ein Kinderschuh ist ein Schuh für Kinder. Klar.
Und ein Handschuh?

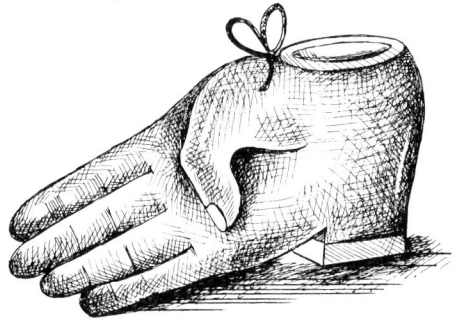

Hier siehst du 14 Begriffe. Jeweils zwei gehören zusammen. Welche sind es?

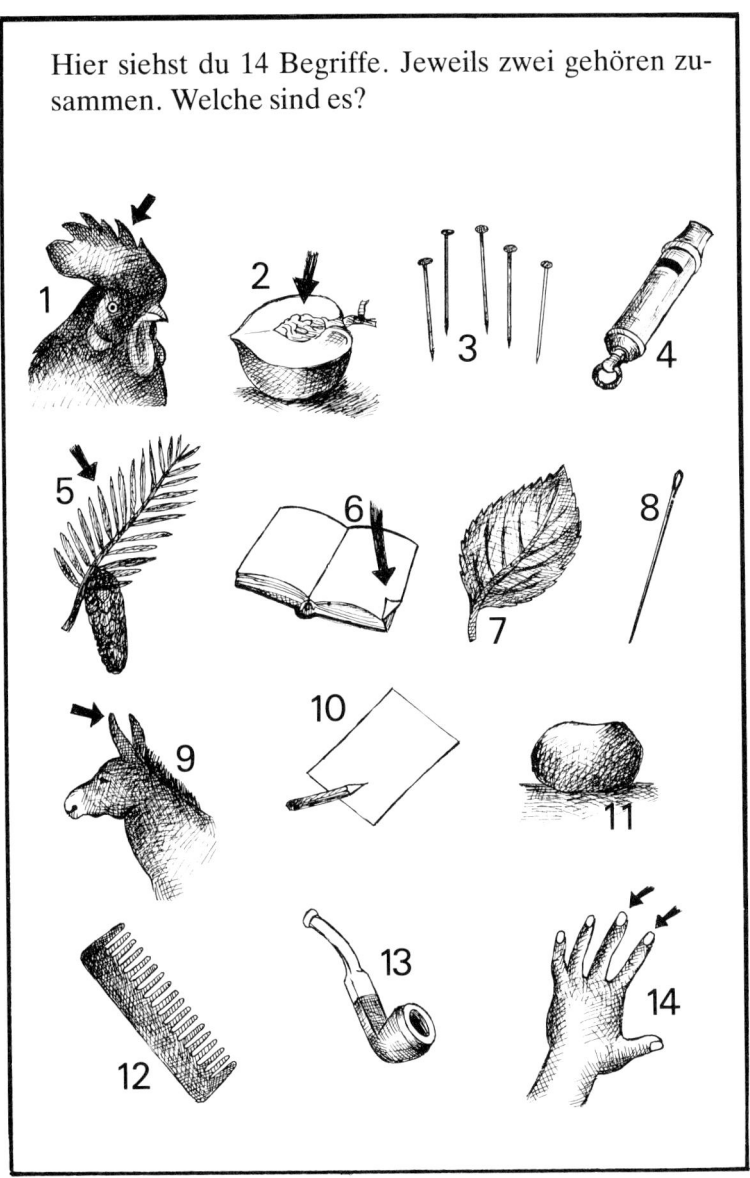

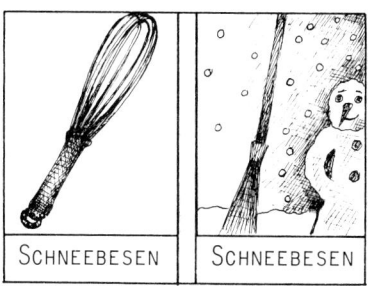

SCHNEEBESEN	SCHNEEBESEN

TON	TON

Was tun sie alle?

Der Fußballverteidiger den gegnerischen Mittelstürmer.
Der Dachdecker das Dach.
Peter den Tisch.
Der Hengst die Stute.
Die Farbe das Papier.

überlegen
»Bin ich dir *überlegen?*«
»Moment, ich muß *überlegen.*
Ja, du bist mir *überlegen!*«

übersehen
Von meinem Fenster aus kann
ich die ganze Straße
übersehen.
Der Lehrer hat im Aufsatz
einige Fehler *übersehen.*

überholen
Die Maschine ist alt, man sollte
sie *überholen.*
Links oder rechts? Nach den
Verkehrsregeln muß man
immer links *überholen.*

umsonst
Sie bemühte sich *umsonst,*
die Sachen *umsonst* zu
bekommen.

81

Wenn der Mondkuchen am Himmel steht

Es war einmal ein Haus.
Und hinter dem Haus war eine Mühle.
Und hinter der Mühle war ein Berg.
Und hinter dem Berg war ein großer Backofen.
Der Backofen war größer als der Mond.
Wie hätte sonst ein ganzer Mondkuchen darin Platz?

Dreiundvierzig Bäcker (ich habe sie gezählt) mußten den Mond-
kuchenteig mehrere Stunden kneten. Für den Teig brauchten die
Bäcker neunzig Kilo Mehl, zwölf Kilo Zucker, fünfundsiebzig
Eier, vierzig Liter Milch und einen riesengroßen Sack Backpul-
ver.
»Das Backpulver ist das Wichtigste am Mondkuchen«, sagte der
Oberbäcker.
»Damit er so richtig aufgeht«, sagte ein anderer Bäcker.
Ein anderer Bäcker sagte: »Wichtig ist, daß der Teig im Ofen
sein muß, bevor die Sonne aufgeht!«
Frühmorgens sah man tatsächlich dreiundvierzig Bäcker den
Riesenteig den Berg hinaufrollen.
Als dann die Sonne am Himmel zu sehen war, fielen ihre zuerst
warmen, dann heißen Strahlen auf den Backofen hinter dem
Berg.
Der Mondkuchen wurde von der Hitze der Sonne größer und
größer.
Er glich immer mehr einem Mond.
Als es dann abends wieder dunkel wurde, war er so groß gewor-
den, daß der Oberbäcker voller Freude rief: »Hab ich's nicht ge-
sagt, das Wichtigste am Kuchen ist das Backpulver! Guckt mal,
der Mond ist aufgegangen!«

Und tatsächlich, der Mondkuchen war so leicht und luftig geraten, daß er wie ein gelber Luftballon am Himmel schwebte und
die Landschaft hell erleuchtete.

Übersetzung
»Das ist eine schlechte
Übersetzung.«
»Die des Buches oder die
meiner Gangschaltung?«

Umzug
»Heute veranstaltet die
Feuerwehr einen festlichen
Umzug.«
»Ja, wohin zieht sie denn um?«

unfreundlich
Nein, böse war das Wetter
nicht, aber *unfreundlich.*

**»Ich weiß, daß hier unter uns
ein Schatzkästchen
vergraben ist. Aber das
bleibt unter uns!«**

untergehen
Wenn ein Schiff *untergeht*, ist
das eine schlimme Sache.
Wenn die Sonne *untergeht*, ist
das nicht schlimm, denn
morgen scheint sie wieder.

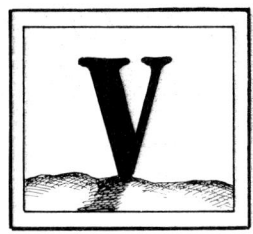

Verbindung
Man kann mit jemandem in
Verbindung treten. Man kann
eine *Verbindung* telefonisch
herstellen, aber nicht immer
verbindet eine *Verbindung*
zwei Punkte miteinander, denn
es gibt auch chemische
Verbindungen und sogar
Studenten*verbindungen.*

Scherzfrage

»Welches Tier ist am gefräßigsten?« fragt der Jäger.

BUCHSTABENKETTE

Ein Sprechspiel für mehrere Personen

Es wird reihum gespielt.
Der erste Spieler sagt irgendein Wort.
Zum Beispiel ›Biene‹.
Der zweite Spieler sagt dann ein Wort, das mit dem letzten Buchstaben dieses Wortes, also mit einem ›E‹, beginnt, z. B. ›Elefant‹. Damit das Spiel nicht ganz so einfach ist, wird vor dem Spiel ein Oberbegriff für alle Wörter bestimmt, z. B. Städtenamen, Blumen, Tiere, berühmte Persönlichkeiten, Vornamen usw.
Weiß ein Spieler nicht mehr weiter, scheidet er aus.

Es war einmal ein schlauer Bär,
dem fiel das Redehalten schwer.

Er nahm ein R, ein E, ein D
und dann zu allerletzt ein E.

Das Ganze hielt er in die Höh,
damit dies auch ein jeder seh.

So hielt er eine Rede stumm,
vor dem verehrten Publikum.

verdienen
Daß er viel Geld *verdient*, hat
er wirklich *verdient*.

verdorben
Wer?
Er hat einen *verdorbenen*
Geschmack!
Peter oder der Kuchen?

Verfall
Verfall kann das Ende der
Einlösungsfrist bedeuten oder
aber die langsame Zerstörung
eines Bauwerkes.

Verfassung
Die *Verfassung* kann das
Grundgesetz eines Staates
sein, aber auch der Zustand,
in dem sich jemand befindet.

verfließen
Die Tinte *verfließt*.
Die Farbe *verfließt*.
Aber auch Wochen, Monate
und Jahre *verfließen*.

vergeben
Eine Chance *vergeben*.
Eine Stelle *vergeben*.
Eine Schuld *vergeben*.

SPASSMACHER

Es war einmal ein bunter Stier,
der hatte Tinte und Papier.

Die Feder mußte er noch suchen;
man hörte ihn dann schimpfen, fluchen.

Endlich der Stier die Schachtel fand,
auf der das Wörtchen »Feder« stand.

Auf diesem Bilde sieht man eben,
wie man sich täuschen kann im Leben.

»Sie sind der größte Idiot, den ich kenne!«
»Mein Herr, Sie vergessen sich!«

verlaufen
Die ganze Sache ist noch einmal gut *verlaufen*. Die Kinder hatten sich nämlich doch nicht im Wald *verlaufen*.

verlegen
Seinen Wohnsitz *verlegen*. Bücher und Zeitungen *verlegen*. Die Brille *verlegen*. *Verlegen* antworten.

verlieren
Was die Leute alles *verlieren*: Schirme, Geldbeutel, Hüte, Taschen, die Geduld und oft auch den Verstand.

vermessen
Er ist so *vermessen*, daß er meint, er müsse alle Länder der Welt *vermessen*.

versetzen
Es *versetzte* mir einen ziemlichen Schrecken, als zuerst meine Mutter ihren Schmuck *versetzen* mußte und ich dann nicht in die 10. Klasse *versetzt* wurde.

versichern
»Das kann ich Ihnen *versichern*«, sagte der Versicherungsvertreter, »Ihr Haus ist zu niedrig *versichert*.«

92

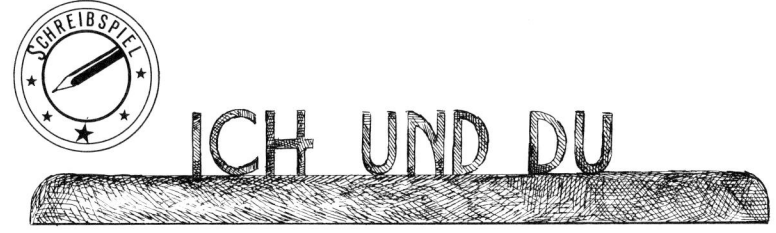

ICH UND DU

Ein Schreibspiel für dich und mich

Innerhalb einer festgesetzten Zeit versuchen die Spieler möglichst viele Wörter aufzuschreiben, in denen *ich - du - er - sie - es* vorkommen.

Beispiele:
*Lich*t, *wich*tig, Ge*rich*t, *Fich*te.
*Du*rst, Ge*du*ld, San*du*hr, *Du*delsack, Er*du*mkreisung.
*Er*bse, Bi*er*, w*er*fen, Sti*er*.
*Sie*b, Poe*sie*, *Sie*ger, *sie*ben.
M*es*ser, g*es*tern, *es*sen, F*es*t.

Ist die Zeit abgelaufen, wird reihum vorgelesen. Dabei streichen alle Spieler diejenigen Wörter aus, die genannt werden.
Wer die meisten Wörter übrigbehält, hat gewonnen.

Ein anderer Spielvorschlag:
Die Spieler schreiben möglichst viele Wörter mit drei Buchstaben auf, z. B.: Mai, Heu, Ohr, Rad, Wal usw. und schreiben dann Wörter auf, in denen diese Wörter enthalten sind.
Dabei nicht vergessen, daß man solche Dreibuchstabenwörter auch trennen und Wörter bilden kann, die aus zwei zusammengesetzten Wörtern bestehen. So kannst du das Wort *arg* folgendermaßen trennen: ar - g. Daraus könntest du das Wort B*arg*eld bilden.

»Ich habe den Witz nicht verstanden.«
»Warum, habe ich nicht laut genug geredet?«

vertreten
Ich habe mir den Fuß *vertreten*.
Muß man das, was man sagt, immer *vertreten* können?
Man kann jemanden in seinem Urlaub *vertreten*.
Und man kann eine andere Meinung *vertreten*.

vor
»Wann und wo treffen wir uns?«
»*Vor* Sonnenuntergang *vor* unserem Haus!«

vorstellen
»Leute *vorstellen* und Uhren *vorstellen* kann man nicht miteinander vergleichen.«
»Das kann ich mir gut *vorstellen!*«

Vorstellung
Morgen werde ich mir die Theater*vorstellung* ansehen.
Mein Freund, der die *Vorstellung* schon gesehen hat, hat sie mir heute so gut beschrieben, daß ich mir jetzt schon eine *Vorstellung* von der *Vorstellung* machen kann.

Zwei Messer sind hier fehl am Platz. Welche?

Brotmesser – Käsemesser – Fleischmesser – Dessertmesser –
Fischmesser – Obstmesser – Tafelmesser – Drehzahlmesser –
Küchenmesser – Geschwindigkeitsmesser – Klappmesser –
Taschenmesser.

Weißt du,

daß du mit der Käse*glocke* nicht läuten kannst?
daß du mit den Nasen*flügeln* nicht fliegen kannst?
daß du mit der Knie*kehle* nicht singen kannst?
daß der *Po* auch ein Fluß in Oberitalien ist?

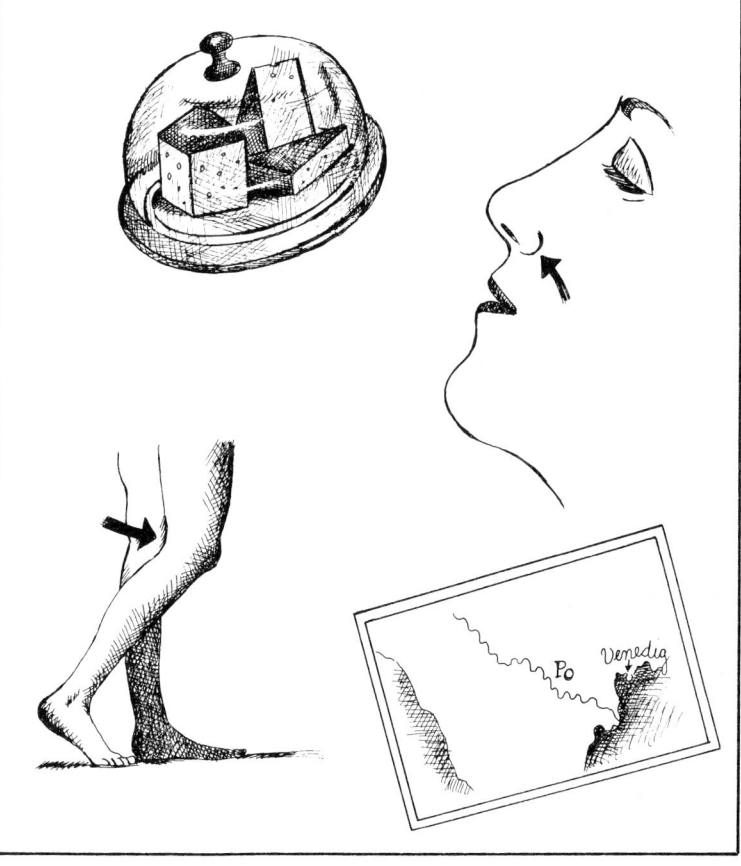

Ein Schreibspiel

Hier sind einige Wörter aufgezählt, die du mit
auf - ab - an - aus - ein oder *zu* verbinden kannst:

FALL - SATZ - STRICH - STOSS - GABE - SICHT
SCHNITT - SCHLAG - BAU - GANG - GUSS
ZUG - NAHME - RUF - STEIGEN - FALLEN
SCHREIBEN - WENDEN - LEHNEN - HALTEN
DECKEN - ZIEHEN - FAHREN - RÄUMEN
SITZEN - SPRINGEN - RUNDEN - LEGEN
SCHLIESSEN - HÖREN - STECHEN - PASSEN.

Beispiel: ZUG

AUFZUG = Fahrstuhl
ABZUG = Weggang (siehe Teekesselspiel)
ANZUG = Herrenbekleidung (siehe Teekesselspiel)
AUSZUG = Aus-, Abwanderung (siehe Teekesselspiel)
EINZUG = Einmarsch – Beziehen eines Hauses
ZUZUG = Ansiedlung durch Wohnungswechsel

Aber aufgepaßt! Dabei können auch Begriffe
entstehen, die nichts bedeuten.

Beispiel: FALL

Einen AUFFALL gibt es nicht. Aber ABFALL, ANFALL, AUSFALL, EINFALL, ZUFALL; diese Wörter gibt es.

Mit *unter* und *über* vor diesen Wörtern entstehen noch mehr Begriffe, die es nicht gibt.

Wörter, die es nicht gibt: ANDECKEN, ANRÄU-MEN, ANRUNDEN, AUSDECKEN, AUSWEN-DEN, EINRUF, EINSTOSS, ZUGUSS, ZULEH-NEN, ZURUNDEN, ZUSICHT.
Aber eigentlich könnte es diese Wörter auch geben, oder? Denkt euch mal aus, was sie bedeuten könnten, oder überlegt euch verrückte Sätze, z. B.: »Wenn der Zuguß heute nicht mehr angerundet wird, wenden sie uns den Einruf spätestens morgen aus!«

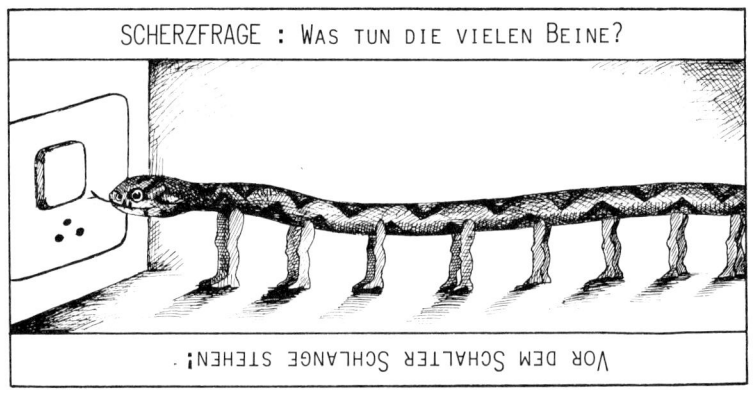

SCHERZFRAGE : WAS TUN DIE VIELEN BEINE?

VOR DEM SCHALTER SCHLANGE STEHEN!

Bei diesen Sätzen wurden Wörter verwechselt. Wer weiß, was gemeint ist?

1. Der *Stuhl* ist sonntags geschlossen.
2. Sie ist jetzt eine *Meise* beim Film.
3. Das ist nicht der richtige Schlüssel für diese *Burg*.
4. Die Vase hat einen *Satz*.
5. Der Herr trug zum schwarzen Frack einen *Kürbis*.
6. Die Schraube hat keinen *Vater*.
7. Den Sand *achten*.
8. Auf dem Brot bildet sich *Rappen*.
9. Der Dampfer stieß auf die *Ursache*.
10. Das Buch hat ein *Kuhmaul*.
11. Ich schenke dir einen *Blumenvogel*.

WELCHES WORT?

Ein Ratespiel für mehrere Personen

Ein Spieler denkt sich ein Hauptwort aus und schreibt es, ohne daß es die Mitspieler sehen, in Großbuchstaben mit viel Abstand voneinander auf.

Beispiel:

H I R S C H

Die Konsonanten (Mitlaute) deckt er nun mit Münzen oder Spielmarken zu:

 I

Nun ruft er die übrigen Mitspieler herbei und verrät ihnen nur, ob der Begriff aus dem Pflanzenreich, dem Tierreich, ein Vorname oder eine Stadt usw. ist.
Die Mitspieler versuchen nun, das Wort zu erraten.
Wenn niemand das richtige Wort errät, darf eine Münze weggenommen werden. Wer das richtige Wort errät, bekommt einen Punkt. Gewonnen hat, wer nach 21 Spielen die meisten Punkte gesammelt hat.

Ein Zeichen- und Ratespiel

In den folgenden Wörtern haben sich andere Wörter versteckt. Welche?

SCHERZ, UMZUG, GENUSS, SCHLAMM, GERADE, DREHBUCH, SCHMAUS, PFLANZE, PINSEL, OSTERN, BAUMEISTER, SAAL, BRAUCH, KEULE, REIS, BENGEL, SCHUTZ, BUCHHANDLUNG, WALD, GRABEN, JACHT, RENTE, SCHAFFNER, KAFFEE.

Wer die Wörter entdeckt und Spaß am Zeichnen hat, kann die versteckten Wörter zeichnen.
Auf der nebenstehenden Bildtafel sind die versteckten Wörter dargestellt.
Beispiel: BUCHHANDLUNG.
In diesem Wort sind die beiden Wörter BUCH und HAND enthalten. Der Zeichner zeichnet nun ein BUCH, daneben eine HAND und schreibt anschließend »LUNG«.
Die Mitspieler versuchen nun herauszufinden, welches Wort der Zeichner sich ausgedacht hat.

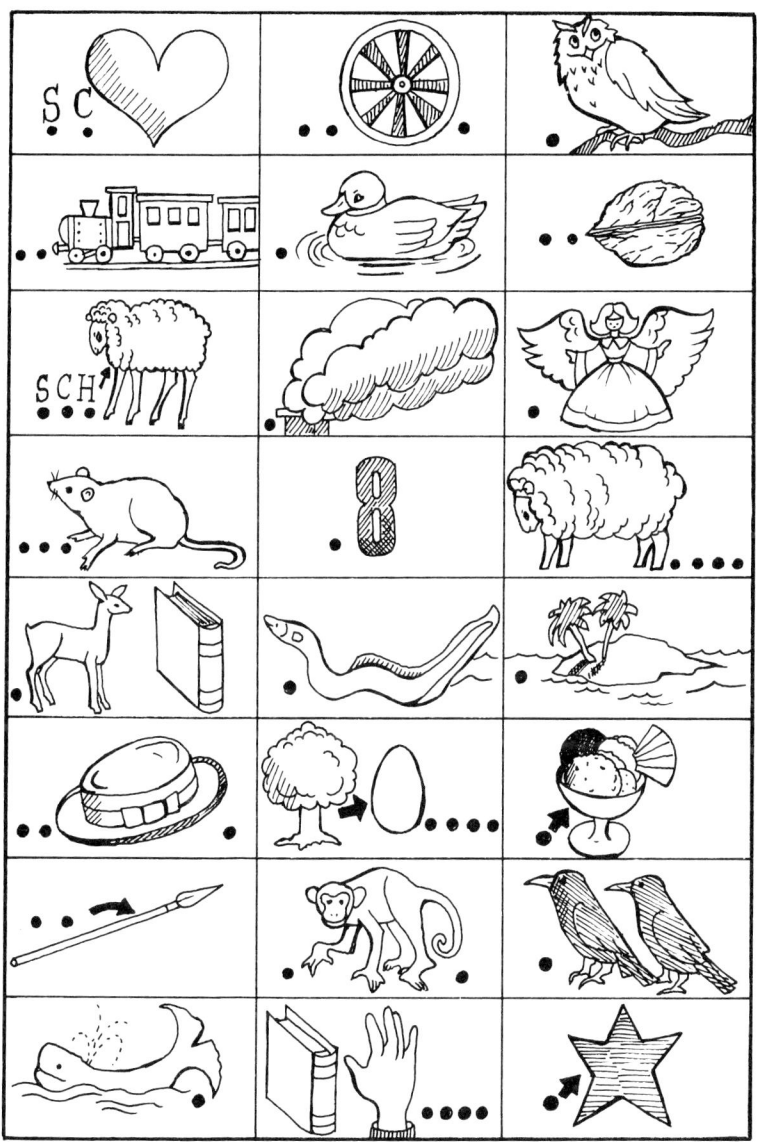

Ihr könnt auch probieren, Städte und Länder ver-
schlüsselt zu schreiben:
STOCKholm, DARMstadt, MÜNSTER, ROSEN-
heim, GIESSEN, ESSEN, DortMUND, WEINheim,
SCHWEINfurt, SALZ-BURG, MANNheim,
REGENsBURG, RoSTOCK, R-OTTERdam,
W-ARSCHau, FreiBURG, BRAUN-SCHWEIG,
TÜR-k-EI, HAIti.

Wem das ›Wörter-suchen-Spiel‹ zu einfach vor-
kommt, der kann sich auch ganze Sätze ausdenken
und diese zeichnen und schreiben.
Hier ist es erlaubt, beim Wort *ein* ein *Bein* zu zeichnen, davor ein *B* zu schreiben und dieses durchzustrei-
chen, bei *und* einen *Hund* zu zeichnen und davor ein
durchgestrichenes *H* zu schreiben.

Auf den Seiten 58 bis 60 sind viele ›Bilderwörter‹ aufgezählt. Vielleicht regen sie dich zu einem ›Bildersatz‹
an.

Versuche einmal, diesen Satz zu schreiben und zu zeichnen:
»*Mein Kopf hat eine Beule*«

Zeichne zuerst einen *Stein*, das *St* streichst du und schreibst ein *M*. Dann zeichne einen *Kopf* und danach einen schwarzen *Schatten*, streiche das *Sc* und das *ten*. Zeichne dann *Beine*, streiche das *B*, und zuletzt zeichne eine *Eule* und schreibe ein *B* davor.

Wer kann diesen Satz entziffern?

BILDERRÄTSEL

Ge ... e

... d ...

G ... n

Wie heißen diese Wörter?

Redensarten und was dahintersteckt

Redensarten begleiten uns auf Schritt und Tritt.
Wenn dir jemand zum Beispiel *ein X für ein U vor-
machen* will, so will er dir *einen Bären aufbinden*.
Beide Redensarten bedeuten, daß er dir etwas Un-
wahres als wahr hinstellt, daß er dich täuschen will.
Kurz gesagt, daß er lügt.

Auf den folgenden Seiten sind Redensarten bildlich
dargestellt, und du sollst nun den Sinn dieser Redensarten herausfinden.

Wer weiß, was folgende Redensarten bedeuten?

Sich benehmen wie ein Elefant
im Porzellanladen

Den Kopf in den Sand stecken

Jetzt schlägt's dreizehn!

Sich auf der Nase
herumtanzen lassen

Den Ast absägen, auf dem
man sitzt

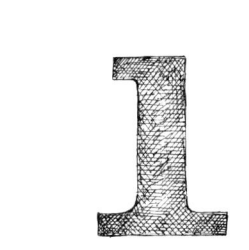

Da fehlt noch das Tüpfelchen
auf dem i

Da ist der Wurm drin

Die Sache hat einen Haken

Krokodilstränen weinen

Durch die Blume sprechen

Kopflos umherrennen

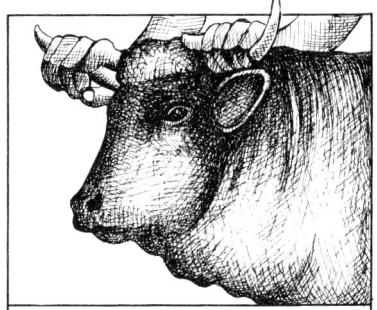

Den Stier bei den Hörnern
packen

Die gezeichneten Bilder und ihre Bedeutung

Sich benehmen wie ein Elefant im Porzellanladen
(durch plumpes, tölpelhaftes Auftreten großen Schaden anrichten)

Den Kopf in den Sand stecken
(die Wirklichkeit nicht sehen wollen)

Jetzt schlägt's dreizehn!
(Ausruf der Empörung)

Laß dir doch nicht auf der Nase herumtanzen
(laß dir nichts gefallen)

Den Ast absägen, auf dem man sitzt
(sich selbst großen Schaden zufügen)

Da fehlt noch das Tüpfelchen auf dem i
(die Sache ist noch nicht vollständig)

Da ist der Wurm drin
(das ist zum Scheitern verurteilt)

Die Sache hat einen Haken
(sie weist eine versteckte Schwierigkeit auf)

Krokodilstränen weinen
(falsche Tränen heucheln)

Durch die Blume sprechen
(über eine Sache nur in Andeutungen sprechen)

Er rannte kopflos umher
(er wußte sich nicht zu helfen)

Den Stier bei den Hörnern packen
(eine Sache mutig am gefährlichsten Punkt angreifen)

Redensarten und ihre Bedeutung

Aus einer Mücke einen Elefanten machen
(eine Nichtigkeit maßlos übertreiben)

Mit der Tür ins Haus fallen
(etwas unvorbereitet vorbringen)

Die Kastanien aus dem Feuer holen
(für einen anderen etwas Unangenehmes tun)

Die Katze im Sack kaufen
(ohne nähere Kenntnis, ohne es gesehen zu haben)

Es geht um Kopf und Kragen
(es geht um Leben oder Tod)

Sich in die Höhle des Löwen wagen
(den ganzen Mut zusammennehmen und der Gefahr mutig ins Auge sehen)

Die Sache hängt mir zum Halse raus
(ich möchte etwas nicht mehr machen – sehen – hören)

Hals- und Beinbruch!
(Glückwunsch vor wichtigem Ereignis)

Auf keinen grünen Zweig kommen
(es im Leben zu nichts bringen)

Etwas an die große Glocke hängen
(etwas unnötig überall bekanntmachen)

Mit dem linken Fuß zuerst aufstehen
(morgens schlechter Laune sein)

Das Ei des Kolumbus
(die überraschend einfache Lösung eines schwierigen Problems)

Nicht auf Rosen gebettet sein
(im Leben schwer zu kämpfen haben)

Seinen Senf dazugeben
(zu einer Sache ungefragt seine Meinung sagen)

Reinen Tisch mit etwas machen
(eine Sache endgültig klären)

In ein Wespennest greifen
(eine gefährliche Sache anfassen)

Die Zeche bezahlen müssen
(für anderer Leute Vergehen büßen)

Wie ein begossener Pudel dastehen
(kleinlaut und beschämt sein)

Ein Faß ohne Boden
(eine Sache oder Person, in die man vergeblich immer wieder neue Mittel steckt)

Auf Draht sein
(äußerst wachsam und aufmerksam sein)

Kein Blatt vor den Mund nehmen
(offen reden – sich äußern)

Im Bilde sein
(über etwas gut Bescheid wissen)

Mit einem blauen Auge davonkommen
(mit geringfügigem Schaden einer Gefahr entgehen)

Eine harte Nuß knacken
(eine schwierige Aufgabe lösen)

Dastehen wie der Ochs am Berg
(ratlos und unentschlossen sein)

Da haben wir den Salat!
(Ausruf des Entsetzens)

Wer kennt noch andere Redensarten?

REDENSARTEN

Ein nicht ganz einfaches Spiel ohne Sieger

Voraussetzung für dieses Spiel ist, daß sich alle Teilnehmer die Redensarten und deren Sinn vorher genau durchgelesen haben.

Zwei Spieler wählen eine Redensart aus, die ihnen besonders gefällt, und versuchen, sie den übrigen Spielern durch Mimik, das heißt, ohne ein Wort zu sagen, darzustellen.
Erlaubt ist dabei nur das Nachahmen eines Geräusches wie das Gackern eines Huhnes oder das Bellen eines Hundes.
Aufgabe der übrigen Spieler ist es, herauszufinden, welche Redensart die zwei Spieler meinen.

112

Wasser

Als er das dampfende Essen sah, lief ihm das *Wasser* im Munde zusammen.

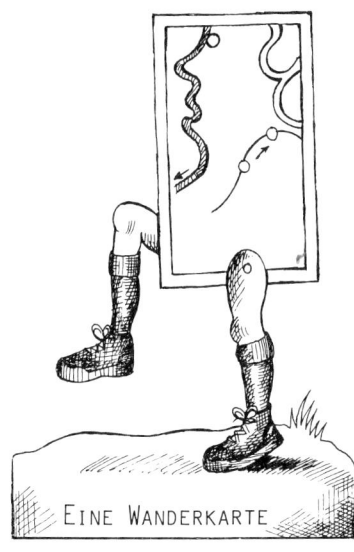

Eine Wanderkarte

Redensarten ums Wasser:
Das *Wasser* steht ihr bis zum Hals heißt: Sie ist in großer Bedrängnis.

Jemandem *Wasser* in den Wein gießen bedeutet, ihm seine Begeisterung abzukühlen.

Er kann seinem Vorgänger nicht das *Wasser* reichen heißt, daß er ihm nicht ebenbürtig ist.

Wasser ins Meer tragen heißt: Etwas Überflüssiges tun.

Sie sieht aus, als könne sie kein *Wässerchen* trüben, bedeutet, daß sie harmlos aussieht.

Jemand, der mit allen *Wassern* gewaschen ist, ist durchtrieben.

Wenn irgendwo auch nur mit *Wasser* gekocht wird, so meint man, daß es dort auch nicht anders zugeht als sonstwo.

Jemanden über *Wasser* halten heißt: Jemandem in der Not helfen.

Und wenn jemand sagt: Das war ein Schlag ins *Wasser*, so meint er, daß die Mühe umsonst war.

Obwohl . . .

Obwohl Jochen gar nicht kochen kann, kocht er vor Wut.

Obwohl Anna keine Federn hat, bekommt sie Gänsehaut.

Obwohl Dorothea gar nicht nähen kann, hat sie beim Erzählen den Faden verloren.

Obwohl Karl das Wort im Halse steckenblieb, erstickte er nicht daran.

Obwohl Renate niemandem etwas wegnimmt, hat sie der Ute doch die Schau gestohlen.

Und wenn jemand einem anderen einen Knüppel zwischen die Beine *wirft*, will er ihn daran hindern, etwas Bestimmtes zu tun.

wiegen
Die Mutter *wiegt* ihr Kind in den Armen, aber wie schwer es genau ist, weiß sie dadurch noch nicht.

Wurzel
Der Schüler mußte die *Wurzel* aus einer Zahl ziehen.
Der Zahnarzt mußte die *Wurzel* eines Zahnes ziehen.

werfen
Alle *werfen*:
Die Sonne ihre Strahlen.
Die See hohe Wellen.
Der Spieler seine Kugel.
Der Baum kühlen Schatten.
Die Katze fünf Junge.
Sabine einen Blick auf die Jungen.

Redensarten ums werfen:
Wenn jemand die Flinte ins Korn *wirft*, gibt er auf.
Alles in einen Topf *werfen* heißt, daß man keine Unterschiede macht. Das sollte man aber.
Alle Bedenken über Bord *werfen* bedeutet, daß man alle Bedenken unberücksichtigt läßt.

Zähler
Zähler und Nenner eines Bruches.
Der *Zähler* der Wasseruhr wird jährlich abgelesen.
Die *Zähler* der Volkszählung sind oft umsonst unterwegs.

115

ANDERER KOPF

Ein Ratespiel für mehrere Personen

Zwei Spieler einigen sich auf zwei Wörter, die, wie *Sand* und *Hand*, sich nur durch ihre Anfangsbuchstaben unterscheiden.

Einer der beiden Spieler wählt also das Wort *Sand*, der andere *Hand*.

Nun versucht jeder, sein Wort den Mitspielern zu umschreiben.

Der erste Spieler: »Mein DING spült das Meer ans Ufer!«

Der zweite Spieler: »Mit meinem DING kann man schreiben!«

Die übrigen Spieler versuchen, die Wörter zu erraten, dürfen aber keine Fragen stellen. Nach einigen falschen Antworten dürfen die zwei Spieler weiterhelfen.

Wenn ein Spieler das richtige Wort erraten hat, darf er sich einen neuen Spieler aussuchen und mit ihm zwei neue Wörter mit verschiedenen Köpfen den anderen umschreiben.

Wörter mit einem anderen Kopf

Tisch – Fisch
Reh – Zeh
Haus – Maus
Ohr – Uhr
Wand – Rand
Sand – Hand
Band – Land
Mund – Hund
Dach – Fach
Kante – Tante
Feier – Geier
Hase – Vase
Nase – Base
Nagel – Hagel
Suppe – Puppe
Rose – Hose
Made – Wade
Kater – Vater
Zunge – Lunge
Asche – Esche
Bein – Wein
Sieb – Dieb
Mutter – Futter
Hammer – Kammer

Keule – Beule
Zahn – Bahn
Oder – Ader
Salz – Malz
Wolle – Rolle
Faden – Laden
Sonne – Tonne
Lanze – Wanze
Luft – Duft
Mai – Hai
Mauer – Bauer
Kind – Rind
Wild – Bild
Buch – Tuch
Rot – tot
Frau – grau
Keller – Teller
Turm – Wurm
Baum – Raum
Katze – Tatze
Fuß – Nuß
Kopf – Topf
Engel – Angel
Lord – Mord

Lamm – Kamm	Leiter – Reiter
Licht – Gicht	Feige – Geige
Regen – Segen	Luchs – Fuchs
Dattel – Sattel	Watte – Ratte
Fessel – Kessel	Nichte – Fichte
Glut – Blut	Feld – Geld
Fett – Bett	Farbe – Narbe
Tanne – Kanne	Rock – Bock

zählen
Von eins bis hundert *zählen*.
Auf jemanden *zählen* können.
Zwölf Jahre *zählen*.

Zahn
Die *Zähne* eines Menschen.
Die *Zähne* eines Tieres.
Die *Zähne* eines Zahnrades.
Die *Zähne* einer Säge.
Der *Zahn* der Zeit.

Zehe
Die *Zehe* des Menschen und
die *Zehe* des Knoblauchs.

zeichnen
»Möchten Sie eine Aktie
zeichnen?« fragte der
Bankbeamte die
Kunststudentin.

**Ein Politiker muß mit der Zeit
gehen, sonst muß er mit der
Zeit gehen.**

ziehen
Einen Leiterwagen *ziehen*.
Beim Spiel eine Karte *ziehen*.
Die Notbremse *ziehen*.
Den Tee *ziehen* lassen.
Die Spinne *zieht* Fäden.
Einen Trennungsstrich *ziehen*.
Aufs Land *ziehen*.
An einer Zigarre *ziehen*.
Das Gewitter *zieht* nach
Westen.
Wenn jemand sagt, daß er dich
durch den Kakao *ziehen*
möchte, so will er dich
verspotten.

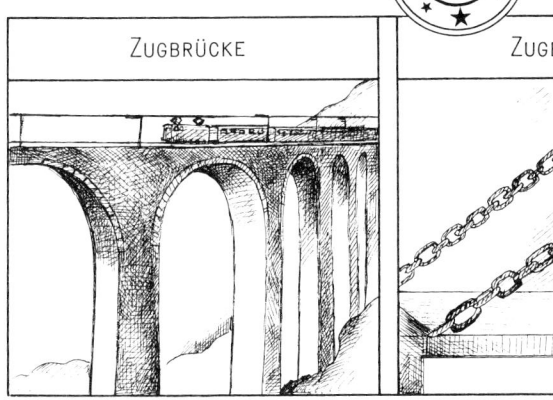

ZUGBRÜCKE

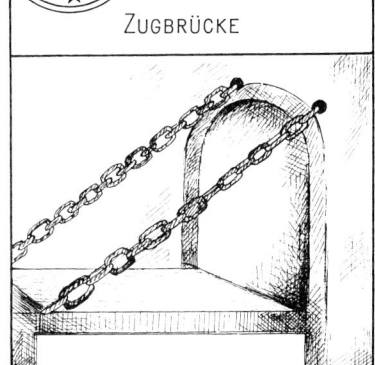

ZUGBRÜCKE

119

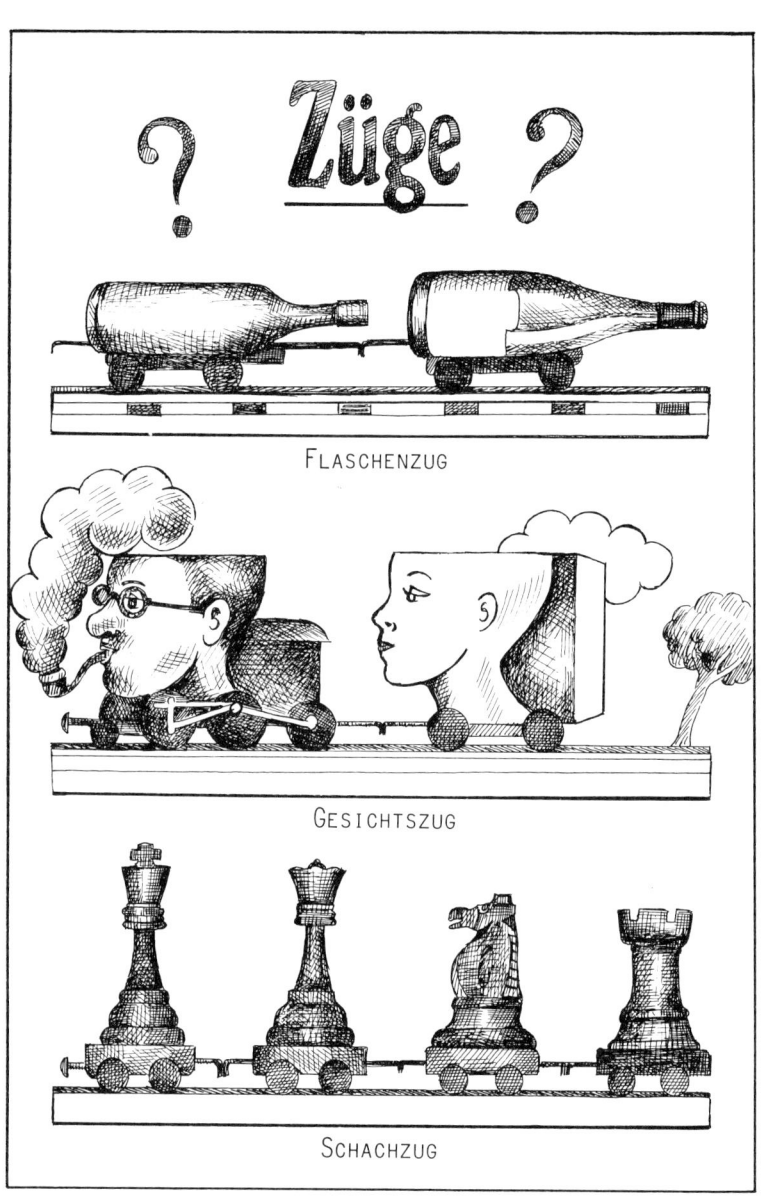

? Züge ?

FLASCHENZUG

GESICHTSZUG

SCHACHZUG

120

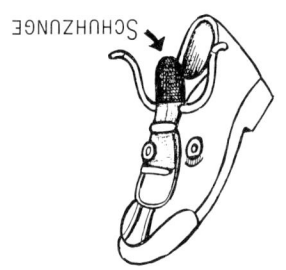

SCHUHZUNGE

zunehmen
Der Mond *nimmt zu* – nicht an
Gewicht, sondern an Größe.

Zunge
Herren- und Wanderschuhe
haben auch *Zungen*.
Peter hat sich die *Zunge*
verbrannt. Nicht etwa, weil die
Suppe zu heiß war – er hat zu
deutlich seine Meinung
gesagt, und das hat manchen
nicht gepaßt.
Wenn jemand mit dem
Sprechen zögert, geht ihm
etwas schwer von der *Zunge*,
und wenn er lügt, hat er eine
gespaltene *Zunge*.

Zucht
Besser als *Zucht* und Ordnung
sind Kälber aus einer *Zucht*,
die in Ordnung ist.

Zug
Ein Herr saß in einem *Zug*.
Er hatte so großen Durst, daß
er ein großes Glas Wasser in
einem *Zug* austrank.

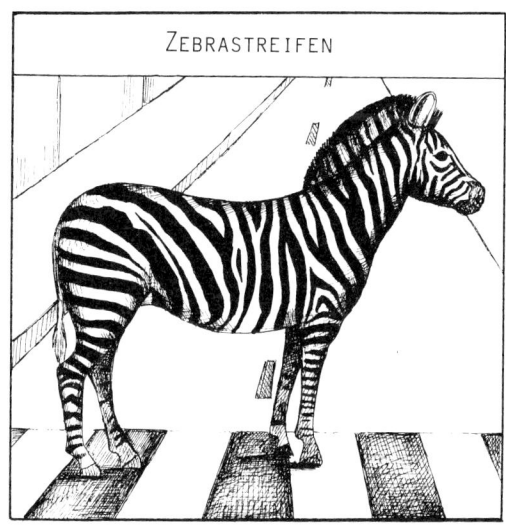

ZEBRASTREIFEN

121

Wörter fürs Teekesselspiel

A

Ablauf (Wasserablauf, Tages-
ablauf)

Abzug (eines Farbfilms oder
eines Gewehrs. Der Abzug,
aus dem der Rauch abziehen
kann. Bei Barzahlung wird
ein Abzug gewährt. Der Abzug der Feinde)

Akkord (Gleichklang in der
Musik oder Bezahlung nach
Leistung)

Arme (auch ein Fluß hat
welche)

Auszug (aus einem Werk oder
Aus- bzw. Abwanderung)

B

Ball (auch ein Tanzfest ist ein
Ball)

Bank (zum Sitzen oder ein
Geldinstitut. Die Sandbank
oder die Drehbank)

Birne (auch Glühbirne)

Blatt (einer Pflanze oder ein
Blatt Papier)

Bogen (Papier; auch Pfeil und
Bogen oder eine krumme
Linie)

Boxer (auch eine Hunderasse)

Bremse (auch ein Insekt)

Bruch (Beschädigung; auch
der Bruch eines Ver-
sprechens, der Bruch im
Rechnen, oder sich einen
Bruch heben; auch Stein-
bruch)

D

Decke (des Bettes oder die
Decke eines Raumes)

Drachen (Drachen steigen
lassen; auch ein feuer-
speiendes Fabelwesen)

E

Einfall (Zusammensturz;
auch ein überraschender
Gedanke)

Eis (Speiseeis oder Glatteis)

Erde (unser Planet; auch die
Erde am Boden)

Eselsohr (auch eine umge-
kniffte Buchseitenecke)

F

Fall (ein merkwürdiger Fall;
auch ein Sturz oder der Ver-
lauf einer Sache)

Feder (Vogelfeder, auch
Schreibfeder oder ein elasti-
scher Metallstreifen)

Feld (Ackerland oder eine Renngruppe, z.B. im Radrennen, oder ein Spielfeld)

Fingerhut (auch eine giftige Pflanze)

Fliege (auch eine Schlaufe als Krawatte)

Flügel (der Vögel und Insekten oder eines Flugzeuges. Oder das Musikinstrument)

Flur (Acker, Wiese oder auch der Hausgang)

Frauenschuh (auch eine Pflanze)

Fuchsschwanz (auch eine Handsäge)

Fuß (eines Berges)

Futter (auch eines Mantels oder Handschuhs)

G

Gericht (Speise, aber auch Justizbehörde)

Geschmack (ihn mit der Zunge wahrnehmen, aber auch ein Werturteil über etwas)

Glas (Becher oder Scheibe)

H

Hahn (an Fässern, Wasserleitungen oder der Hahn, der kräht)

Haus (auch das der Schnecke)

Heide (die mit Heidekraut bedeckte Landschaft)– (der Nichtchrist)

Hering (Fisch oder Zeltpflock)

Hof (auch heller Kreis um den Mond)

Horn (Musikinstrument oder das Horn des Rinds, Steinbocks, Widders usw.)

Hörnchen (Gebäck)

Hühnerauge (auch eine Hautverhornung am Zeh)

Hut (auch ein Pilz hat einen Hut)

K

Kamin (Schornstein und eine offene Feuerstelle im Haus)

Kamm (auch auf dem Kopf des Huhns)

Kanal (des Fernsehens, Rundfunks oder ein künstlicher Wasserlauf)

Kapelle (Kirchlein oder Musikgruppe)

Kater (auch das schlechte Gefühl, wenn man am Abend zuvor zuviel getrunken hat)

Kätzchen (auch die am Haselnußstrauch)

Katzenauge (auch der Rückstrahler beim Fahrrad)

Kette (Schmuck, aber auch Band aus Metallgliedern oder eine geschlossene Reihe von Beweisen, Gedanken oder Gegenständen)

Klammer (Wäsche-, Heftklammer oder ein Wort in Klammern setzen)

Knie (auch Flußbiegung)

Kopf (auch der der Stecknadel, des Nagels, des Salates, des Kohls, des Briefs, der Zeitung)

Kreuz (auch das Kreuz in der Lenden- und Rückengegend)

Krippe (Futtertrog oder Tagesheim für Kleinkinder oder Gruppendarstellung der Geburt Christi)

Krone (auch der Wipfel eines Baumes oder der obere Teil des Zahnes)

Kurs (Fahrtrichtung oder Richtung der Politik, aber auch der Geldwert eines Wertpapieres oder ein Lehrgang)

L

Land (Staat, eine dörfliche Gegend oder ein Acker, aber auch deutsche oder österreichische Länder, z.B. Hessen oder Kärnten)

Larve (eine Maske, aber auch Marienkäferlarve, Kartoffelkäferlarve)

Läufer (im Flur oder eine Schachfigur. Der Läufer beim Sport, z.B. Kurzstreckenläufer oder beim Fußball)

Leitung (für Wasser oder Gas, aber auch Führung, z.B. Dirigent, die Leitung eines Betriebes)

Linse (Hülsenfrucht oder die Linse im Auge)

Löffel (auch Hasenohren)

M

Mandeln (auch Organe im Rachen)

Mantel (auch Gummireifen oder ein Kabel, eine Röhre hat einen Mantel)

Mark (auch Knochenmark)

Melone (Kürbisgewächs oder ein runder, steifer Hut)

Mühle (Wassermühle, Windmühle oder Zerkleinerungsanlagen für Papier, Holz, Farben, Zement. Aber auch Kaffeemühle, Pfeffermühle und auch ein Brettspiel)

Mutter (auch die Mutter einer Schraube)

N

Nadel (auch Tannennadel, Fichtennadel)

Nagel (am Finger oder der Nagel zum Nageln)

Nase (auch ein Fisch)

Netz (Eisenbahnnetz, Fischernetz, Gepäcknetz, Haarnetz, aber auch Wasser- und Stromnetz, und manchmal geht der Ball ins Netz)

Niete (Los ohne Gewinn oder ein runder Metallbolzen mit einem Kopf)

Note (Schulnote, Musiknote, Banknote, Fußnote, aber auch eine Mitteilung an eine Regierung)

P

Panzer (Rüstung oder Kampfwagen)

Papier (auch Ausweis)

Paß (Gebirgssattel als Durchgang oder Personenausweis)

Pause (Unterbrechung einer Arbeit, aber auch eine Durchzeichnung)

Pfeife (Teil der Orgel oder Trillerpfeife oder Tabakpfeife)

Pflaster (Bodenbelag aus dichtgefügten Steinen oder Wundpflaster)

Plastik (Kunststoff, aber auch Bildhauerkunst)

Platte (flache Schüssel oder Schallplatte)

Post (Gebäude oder Briefe, Pakete usw.)

Puppe (zum Spielen, aber auch eine Raupe verwandelt sich in eine Puppe)

R

Rad (auch der Turner schlägt ein Rad, der Pfau macht ein Rad oder mit dem Rad davonfahren)

Rappen (schwarze Pferde oder schweizerische Geldmünze)

Raupe (Kettenfahrzeug oder Frühform des Schmetterlings)

Riegel (hinter Schloß und Riegel oder ein Stück Schokolade)

Ring (Fingerschmuck oder Kampfplatz. Aber auch Jahresring der Bäume oder rundführende Straße. Auch Mondring, Sonnenring, Schaukelring oder Turnring)

Rolle (des Schauspielers, die Walze in Maschinen oder anderes Wort für Purzelbaum)

Rücken (auch der Rücken der Nase, des Fußes, der Hand, eines Bergs, Buchs, Kleids, Messers)

Rüstung (ritterliches Kampfgewand oder Kriegsvorbereitung)

S

Satz (Sprung, der Satz einer Sinfonie, einen Satz wiederholen, oder der Satz beim Tennisspiel, ein Satz Briefmarken)

Schale (eine flache Schüssel oder die Hülle einer Frucht)

Schalter (Vorrichtung zum An- und Abstellen des Stromkrei-

ses oder Schiebefenster zur Kundenbedienung)

Scheibe (Glasscheibe oder eine runde, ovale Platte; auch eine Schallplatte, eine Wurstscheibe oder eine Zielscheibe)

Schere (auch Krebse haben Scheren, und die Schere ist auch eine Turnübung)

Schiff (Kirchenschiff)

Schild (Tafel oder Teil der Ritterrüstung. Eine Mütze mit Schild; auch die Schutzhülle mancher Tiere)

Schimmel (weißes Pferd oder Pilzbefall, z.B. bei Käse und Brot)

Schlange (auch eine Reihe wartender Menschen)

Schleife (eine Schleife knüpfen, lösen, binden. Aber auch die Straße macht eine Schleife, das Flugzeug zieht Schleifen)

Schloß (an Türen, Kästen, Schränken; aber auch ein Schloß besichtigen)

Schneebesen (auch ein Küchengerät)

Scholle (auf dem Felde, die Schollen des Eises; aber auch eine Fischart)

Schoß (Pflanzentrieb; oder die Hände in den Schoß legen)

Schule (Unterricht; aber auch das Gebäude, in dem unterrichtet wird)

Seite (Münzen haben eine obere und untere Seite, aber auch Bücher, Zeitungen haben Seiten; jemanden an seine Seite ziehen; Straßen haben eine linke und eine rechte Seite; jeder Mensch

124

hat gute und schlechte
Seiten)

Sohle (auch ein Tal hat eine
Sohle)

Spiegel (auch der See, das
Meer, eine Eisfläche hat
einen Spiegel)

Spion (Agent; aber auch das
Guckloch an der Tür)

Sprung (sich mit einem Sprung
emporschnellen; aber auch
die Mauer hat Risse und
Sprünge)

Star (ein Singvogel; auch eine
Augenkrankheit oder eine
Berühmtheit)

Stärke (der Arme, der Beine,
des Glaubens; aber auch der
Kragen kann zuwenig Stärke
haben)

Stein (auch Kirschen haben
Steine und für Brettspiele
braucht man meistens
welche)

Stempel (Poststempel; aber
auch Blüten haben Stempel)

Steuer (die staatliche Steuer
oder das Steuer eines Autos,
eines Schiffes führen)

Stich (der Stich der Wespe, der
Biene, der Lanze, des Messers; aber auch ein Blau kann
einen Stich ins Grüne haben;
der Kupferstich ist ein
Druckverfahren)

Stimme (auch bei der Wahl hat
man eine – ab 18!)

Stock (Spazierstock, aber auch
Bienenstock oder Stockwerk)

Stoff (auch Stoff zum Lesen,
Reden, Schreiben, Lachen)

Stoß (jemandem einen Stoß
geben, aber auch ein Stoß

Holz, Bücher, Zeitungen)

Strauß (Blumenstrauß; aber
auch Vogel Strauß)

Strom (ein großer Fluß; aber
auch Wasserkraft in Strom
verwandeln)

Strudel (Wasserwirbel oder
Mehlspeisegebäck)

T

Tafel (Schreibtafel; aber auch
die Bildseite in einem Buch,
eine festliche Mahlzeit oder
ein Mitteilungsbrett; auch
eine Tafel Schokolade)

Tau (der Tau am Morgen und
das Tau, ein dickes Seil)

Ton (Laut, Klang oder etwas
mit Ton modellieren)

Tonne (ein Faß; aber auch
1000 Kilo sind eine Tonne)

Tor (eine große Tür; aber auch
beim Fußball im Tor stehen
und ein Tor verhüten. Auch
ein Narr ist ein Tor)

Tracht (traditionelle Kleidung
einer Gegend; auch eine
Tracht Prügel verabreichen)

Trommel (auch die Trommel
der Waschmaschine)

U

Überschlag (eine flüchtige
Berechnung; aber auch eine
Turnübung)

Umzug (Wohnungswechsel
oder ein festlicher Umzug)

V

Verband (einen Verband anlegen, aber auch eine Vereinigung, ein Verein)

Verfassung (die geistige, körperliche Verfassung, aber

auch die Verfassung, das
Grundgesetz eines Staates)

Vorstellung (eine Theatervorstellung oder sich etwas
vorstellen)

W

Wechsel (Veränderung; aber
auch Schuldschein)

Weiche (Härte und Weiche;
aber auch die Weiche der
Straßenbahn)

Weide (das Vieh auf der Weide
oder aus Weiden Körbe
flechten)

Winkel (ein Winkel von
60 Grad; aber auch der
malerische Winkel einer
Stadt)

Wirbel (des Stromes oder der
Wirbel des Rückgrates)

Wolf (auch eine Maschine zur
Verkleinerung von Fleisch
oder eine Hautentzündung)

Wurf (auch Faltung von
hängenden Kleidern; die
Geburt und die Jungen der
Säugetiere)

Z

Zähler (Zähler und Nenner
eines Bruches und der Gas-
oder Stromzähler)

Zahn (auch die Zähne des
Zahnrades, einer Säge)

Zug (auch Wesensart; oder das
Glas in einem Zug austrinken, ein Zug Vögel, ein
Schachzug)

Zugbrücke (eine hochziehbare
Brücke oder eine Eisenbahnbrücke)

Zylinder (Teil des Motors oder
steifer Hut)

Die Lösungen:

Seite 18:
Birne (1 und 8)
Feder (2 und 7)
Ring (3 und 6)
Kreuz (4 und 12)
Fliege (5 und 10)
Schale (9 und 11)

Seite 32 oben:
lösen

Seite 32 unten:
schneiden

Seite 38:
Der Aktienkurs (ist der Preis
eines Wertpapiers)

Seite 62:
Weil es das Futter frißt!

Seite 80:
Kamm (1 und 12)
Stein (2 und 11)
Nagel (3 und 14)
Pfeife (4 und 13)
Nadel (5 und 8)
Eselsohr (6 und 9)
Blatt (7 und 10)

Seite 81:
decken

Seite 84:
Der Hase (denn er hat zwei
Löffel)

Seite 94:
Drehzahlmesser und
Geschwindigkeitsmesser
schneiden nicht

Seite 98:
1. Bank 2. Star 3. Schloß
4. Sprung 5. Melone 6. Mutter
7. sieben 8. Schimmel
9. Grund 10. Eselsohr
11. Blumenstrauß

Seite 114:
Ton

126

Inhalt